HISTORISCHE
PARADORES

HISTORISCHE PARADORES

SPANISCHE HOTELS IN KLÖSTERN, PALÄSTEN UND SCHLÖSSERN

KÖNEMANN

Danksagung

Der Verband Spanischer Gasthäuser (Paradores de Turismo de España) hat in besonderer Weise an der Ausgabe dieses Buches mitgewirkt.

Originalausgabe © Lunwerg Editores, Barcelona, 1997
Text © 1997 Juan Eslava Galán
Fotos © 1997 Francisco Ontañón
Originaltitel: »Paradores históricos«

© 1999 für die deutsche Ausgabe:
Könemann Verlagsgesellschaft mbH
Bonner Str. 126, D-50968 Köln
Übersetzung aus dem Spanischen:
Imke Brockhaus-Araya
Redaktion und Satz:
GAIA Text, München

Projektkoordination: Sylvia Hecken
Herstellungsleitung: Detlev Schaper
Assistenz: Ursula Schümer
Druck und Bindung: Neue Stalling
Printed in Germany

ISBN 3-8290-2233-8
10 9 8 7 6 5 4 3 2 1

INHALT

HISTORISCHE PARADORES
EINE REISE ZU DEN PARADORES SPANIENS

Wenn im April auf den höchsten Gipfeln der Schnee zu schmelzen beginnt und die Flüsse Hochwasser führen, rüstet der Reisende, der während langer Wintermonate vom Zauber der spanischen Schlösser und Burgen geträumt hat, sein leichtes Gepäck und überquert am baskischen Paß Bentarte die Pyrenäen.

Er hat schon zahlreiche ferne Länder bereist. Als erfahrener Reisender hat er daher die langen Winterabende vor dem Kamin genutzt, um sich in seiner Bibliothek kundig zu machen. Ihm war bewußt, daß er nicht der erste war, der Spanien entdecken wollte. Zahllose Besucher hat die Halbinsel im äußersten Westen Europas in den 3000 Jahren ihrer Geschichte erlebt. Hier vermuteten die Griechen den Garten der Hesperiden, hier sahen die Römer vor den steilen grauen Felsen der grünen Küste von Finisterre (*finis terrae*) die Sonne im Ozean versinken.

Während der Reisende ein altes Lied trällert, denkt er daran, daß die Berge und Wälder, an denen er vorbeizieht, dieselben sind, die 1000 Jahre zuvor Johann von Gorz durchwandert hatte, den Otto I. als Botschafter an den Hof des mächtigen Kalifen von Córdoba entsandte. Wenig später kamen Scharen vornehmer Romantiker, die auf der Suche nach dem Zauber des Orients zu den Städten des Südens unterwegs waren. Irving, Ford, Gautier, Borrow, Mérimée waren nur die bekanntesten unter ihnen. Auch der Reisende hat die faszinierenden Städte der Halbinsel zum Ziel: Burgos und Santiago, Toledo und Ronda, Málaga und Granada, Córdoba und Sevilla, Cadiz und das Meer.

Der Reisende – ein Träumer, der in seinem Gepäck die ganze Geschichte Europas trägt – hat beschlossen, sich Spanien vom Norden her zu erschließen: Er wird dem Weg der europäischen Klosterkultur folgen, die die Pilger über den Jakobsweg auf die Halbinsel brachten. Damals zogen die afrikanischen Horden über die alten Römerstraßen nach Norden. Die Sultane von Marrakesch hatten geschworen, sie würden ihre Pferde im römischen Tiber tränken, im Herzen Europas. Auf diese Weise mischten sich die europäischen und orientalischen Einflüsse.

Der Weg führt den Reisenden zunächst durch die Pyrenäen. In dieser Gegend fand im 8. Jahrhundert der französische Held Roland durch die Hand der unbezähmbaren Basken sein Ende, gemeinsam mit der gesamten Nachhut Karls des Großen. Auf alten Karten heißt der Paß Camino de Napoleón, in Erinnerung daran, daß Marschall Soult diesen Übergang für seine Artillerie schuf.

Auf seinem Weg über die tief eingegrabenen Bergstraßen sinniert der Reisende über die einzigartige Geschichte des vor ihm liegenden Landes. Diese äußerste Spitze Europas, dieses rauhe, zerklüftete Land zog mit seinen Metallvorkommen schon Phönizier und Griechen an, bevor es zu einer wohlhabenden Provinz Roms wurde, die dem Reich nicht nur Silber und Olivenöl lieferte, sondern auch Kaiser, Krieger, Dichter und Philosophen hervorbrachte. Im finsteren Mittelalter siedelten hier Stämme aus dem Norden: Sueben, Alanen und schließlich die Westgoten, die in Toledo ihr Reich gründeten. Im Jahre 711 wurde die Halbinsel von den Arabern erobert. Bereits im selben Jahr begannen die Christen, die sich in die Berge des Nordens geflüchtet hatten, mit der Reconquista, der Rückeroberung, die sich über acht Jahrhunderte, bis 1492, hinziehen sollte. In dieser langen Zeit formierte sich eine pluralistische, widersprüchliche und faszinierende Gesellschaft, die aus der Verschmelzung der höchst unterschiedlichen und sich dennoch ergänzenden Kulturen von Christentum, Islam und Judentum entstand. Spanien, al-Andalus und Sepharad sind die heute noch lebendigen Wurzeln der Halbinsel.

1492 eroberten die katholischen Könige Isabella von Kastilien und Ferdinand von Aragón das islamische Reich von Granada und schickten Kolumbus nach Amerika. Unter ihren Nachfolgern, den Habsburgern, wurde Spanien zum Reich, in dem »die Sonne nicht unterging«. Doch was die Galeonen an Gold und Silber aus Amerika brachten, reichte nicht aus, um die zahlreichen Kriege in Europa, Afrika und im Mittelmeerraum zu finanzieren. Dem plötzlichen Wohlstand folgte ein langsamer Niedergang, in dessen Verlauf Spanien immer wieder von Bürgerkriegen heimgesucht wurde, eine Entwicklung, die sich bis ins 19. und 20. Jahrhundert hinein fortsetzte.

Dies ist das Land, in dem der Reisende an jenem klaren Aprilmorgen ankommt, während er die schattigen Wälder der Pyrenäen durchquert.

HONDARRIBIA

Seine erste Nacht in Spanien wird der Reisende nahe der französischen Grenze in der Burg von Hondarribia verbringen, am Ufer des Bidasoa, eines anmutigen kleinen Flusses. Die Anlage wurde im 10. Jahrhundert von Sancho Abarca, dem König von Navarra, errichtet. Damals existierte im Norden Spaniens ein halbes Dutzend ständig bedrohter christlicher Reiche, die dem mächtigen islamischen Kalifat von Córdoba Tribut zahlten, um sich vor Überfällen zu schützen. Der berühmte arabische

Die Gestaltung der Innenräume aus dem 10. Jahrhundert zeichnet sich durch klare Linien und die gelungene Verbindung von modernem Komfort und historischer Kunst aus.

Der Parador El Emperador in Hondarribia, Guipúzcoa.

HONDARRIBIA

Der Parador befindet sich in einer im 10. Jahrhundert durch König Sancho Abarca von Navarra erbauten Burg, die im 16. Jahrhundert unter Kaiser Karl V. umgestaltet wurde.

Wichtige Persönlichkeiten haben sich hier aufgehalten: Johanna die Wahnsinnige, Karl V., Philipp III., Philipp IV. und General Spínola, der durch *Die Übergabe von Breda* von Velázquez unsterblich wurde.

Aufgrund ihrer Grenzlage war die Festung von Hondarribia in den Kriegen zwischen Spanien und Frankreich von besonderer Bedeutung. Nacheinander wurde die Stadt von Franz I., Kardinal Richelieu (1638) und Napoleon Bonaparte belagert, der sie von 1808 bis 1813 besetzt hielt. Doch auch im Frieden spielte die Festung eine Rolle. Sie beherbergte zahlreiche spanische Infantinnen: Leonore von Österreich, die Gemahlin von Franz I., Anna von Österreich, die mit Ludwig XIII. verheiratet war, und Maria Theresia von Österreich, die Gattin Ludwigs XIV.

Heerführer Almansor, der Unbesiegbare, der Santiago de Compostela und Barcelona geplündert hatte, verschonte das Reich von Sancho Abarca, weil der Navarrese, der mehr auf die Macht der Liebe als auf die Mauern und Türme von Hondarribia vertraute, ihm eine seiner Töchter zur Frau gegeben hatte.

Bevor er die Herberge betritt, hält der Reisende inne, um die schöne, düstere, nahezu fensterlose Fassade zu betrachten, die auf Kaiser Karl V. zurückgeht. Die mächtigen Quader zeigen noch deutlich die alten Einschläge der Kanonenkugeln, denen die drei Meter dicken Mauern standgehalten haben. Im Inneren betrachtet der Reisende neugierig die antiken Lanzen, Hellebarden und Schwerter,

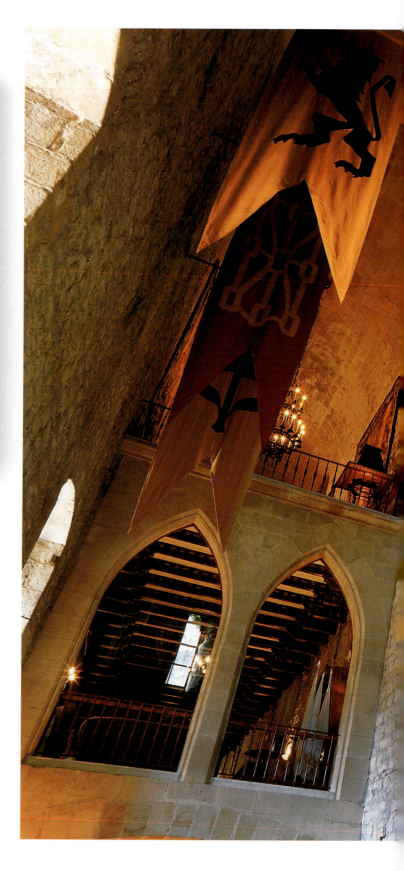

Löwen und Burgen spiegeln die Geschichte der Festung wider.

die Aufenthaltsräume und Gänge schmücken. Als es Abend wird, tritt er auf die Terrasse hinaus, um den Sonnenuntergang über der Bucht von Txingundi zu genießen, wo der Bidasoa ins Meer mündet. Er bewundert die bunten Boote, die im Hafen unter ihm auf der stürmischen See tanzen.

Lang ist die Liste der illustren Gäste, die Hondarribia im Laufe der Jahrhunderte aufgesucht haben. Von Frankreich und den anderen europäischen Ländern kommend, machten hier zahlreiche spanische und ausländische Prinzessinnen und Königinnen Halt, so auch Johanna die Wahnsinnige, die aus Eifersucht auf ihren Gemahl Philipp den Schönen den Verstand verlor. Aufnahme fanden hier auch Elisabeth von Valois, Elisabeth von Bourbon, Elisabeth von Österreich, Anna von Österreich und Maria Theresia von Österreich. Aus den Namen läßt sich die unglaubliche Inzucht ersehen, die aus Gründen der Staatsräson getrieben wurde. Dies führte schließlich zum Niedergang des königlichen Geschlechts, das in der traurigen Gestalt Karls II. sein Ende fand: Der letzte Habsburger war nicht nur mißgestaltet, sondern auch dumm.

Die Aufgabe als Festung hat Hondarribia ebenfalls mit Stolz wahrgenommen. Zwar mußte man vorübergehend dem Druck Franz' I. von Frankreich nachgeben, doch bald wurde die Stadt durch den Konnetabel Iñigo Fernández de Velasco zurückerobert. Bei einer erneuten Belagerung im Jahre 1638 widerstand Hondarribia so lange, bis die zur Unterstützung herbeigeeilten Truppen den Belagerungsring durchbrochen hatten. Im Gedenken an dieses Ereignis wird jedes Jahr die Fiesta del Alarde gefeiert.

Die jahrhundertealten Mauern der Säle und Gänge sind mit Hellebarden, Schwertern und Wandteppichen geschmückt.

Wohin man auch blickt, jeder Raum erinnert an die Geschichte der Festung.

Die Fenster in Hondarribia geben den Blick auf den Bidasoa frei, der hier ins Meer mündet. Beim friedlichen Anblick der kleinen Boote vergißt man schnell die Grenzkriege, die hier einst tobten und glücklicherweise längst Geschichte sind.

OLITE

Am nächsten Morgen ist der Reisende früh aufgestanden, um die nebelverhangene Ebene von Vitoria zu durchqueren. Obwohl er nicht abergläubisch ist, würde er gerne einen Baxajaun sehen, einen der Kobolde, die manchmal ihre unterirdische Welt verlassen, um den Sterblichen zu helfen oder ihnen einen Streich zu spielen. Der baskischen Mythologie zufolge lehrte eines dieser Wesen die Bewohner der Region, Weizen anzubauen. Seitdem wird dieser Baxajaun auf den Altären unter dem Namen San Martinico dargestellt.

Hinter einer Wegbiegung taucht unvermittelt die gotische Burg von Olite auf. Der Reisende, der an alten Bäumen und ergrünenden Wiesen vorbeigekommen ist, traut seinen Augen nicht. Ist dies die Burg der Nibelungen, ein Loireschloß oder gar der Papstpalast von Avignon? Die Türme sind mit glänzendem schwarzen Schiefer bedeckt und durch die Zwillingsfenster erstrahlt das Glas in bunten Farben. Für den Reisenden gleicht Olite eher einer himmlischen Vision als einem irdischen Bauwerk.

Olite war Festung des Gotenkönigs Swintila (um 620) und später Schloß und Burg der Könige von Navarra. Seine Glanzzeit erlebte es allerdings unter Karl II. (Beiname: der Edle). Der König, der sich durch »Weisheit, Mäßigkeit und Tugendhaftigkeit« auszeichnete, war ein begeisterter Botaniker, in dessen Gärten sich Jasmin, Pampelmusen, Zedratbäume und andere bis dahin in Europa unbekannte Pflanzen fanden. Der höfischen Pracht unter Karl II. folgte der Niedergang, doch Spuren dieses Glanzes fanden sich auch noch unter dem Enkel des Königs, dem Fürsten von Viana, der in den Burghöfen wilde Tiere und exotische Vögel hielt.

Nachdem der Reisende sein Gepäck in sein Zimmer gebracht hat, durchstreift er die mittelalterliche Stadt, die die Festung umgibt. Er bewundert in der Kirche von Santa María das gotische Altarbild und betrachtete die Stadtmauern und die Rúa Mayor. Einst drängten sich hier auf dem Weg nach Santiago de Compostela die Pilger mit ihren Umhängen, den

OLITE

Olite ist eine Burg im gotischen Stil, die starken französischen Einfluß aufweist. Die Schieferdächer der schlanken, zylinderförmigen Türme kontrastieren mit den düsteren, schmucklosen Mauern. Die aus dem 13. Jahrhundert stammende Festung wurde im 15. Jahrhundert umgebaut und brannte im 18. Jahrhundert vollständig ab. Die Restaurierung übernahm die Provinz Navarra.

Pilgerstab in der Hand, ausgerüstet mit Kalebasse und Jakobsmuschel. Noch bleibt Zeit für einen Besuch des vorchristlichen Heiligtums von Eunate, das von Gläubigen aus aller Herren Länder besucht wurde. Es heißt, aus diesem Grund hätten die Tempelritter genau hier, mitten auf dem Land, ihre merkwürdige achteckige Kirche errichtet. Das Portal wiederholt spiegelverkehrt exakt die Motive der einige Kilometer entfernten Kirche Santo Sepulcro de Torres del Río. Der Besucher spürt, daß die Schönheit von Eunate Geheimnisse in sich birgt, die dem menschlichen Verstand verschlossen bleiben.

»Kein Königsschloß übertrifft dieses hier an Schönheit, nirgends habe ich mehr mit Gold geschmückte Säle gesehen«, so ein deutscher Reisender im 15. Jahrhundert.

*Das königliche Schloß aus dem 13. Jahrhundert
und die Fassade von Santa María, zweite Hälfte
desselben Jahrhunderts, beide in Olite.*

LEÓN

Zurück auf dem Jakobsweg, erreicht der Reisende am nächsten Morgen Nájera, wo die Könige von Navarra begraben liegen.

– Verzeihung, aber in Nájera befand sich nicht der Hof von Navarra, sondern der von Nájera, denn durch die Eroberung des Ebrotales bis nach Tudela schuf Sancho Garcés das Königreich Nájera, nicht das von Navarra.

Es kann hier jedoch nicht darum gehen, sich um ein Königreich mehr oder weniger zu streiten. Daher gibt der Reisende dem kundigen Einheimischen recht und setzt seinen Weg zu den Klöstern von Suso und Yuso in San Millán de la Cogolla fort, dem Geburtsort der spanischen Sprache. Danach folgt er der Straße, die teilweise den tausendjährigen Pilgerweg ersetzt hat, und durchquert die Ebene, in der Santo Domingo de la Calzada liegt. Die Kathe-

drale ist berühmt für ihren aus Stein errichteten gotischen Hühnerstall, hinter dessen kunstvoll gearbeitetem Gitter sich ein Hahn und eine Henne ihres Lebens erfreuen.

Santo Domingo de la Calzada,
wo das gebratene Huhn noch kräht.

Dieser Spruch spielt auf eine Legende an, die bereits im Umlauf war, als sich der Seigneur von

LEÓN

Hier befand sich das Haupthaus der Caballeros de Santiago, des 1152 gegründeten Ordens der Jakobsritter, das im 12. Jahrhundert um eine Kirche und ein Pilgerkrankenhaus erweitert wurde. Das gegenwärtige Gebäude stammt vom Anfang des 16. Jahrhunderts. Künstler wie Juan de Badajoz, Juan de Juni, Pedro de Ibarra und Guillermo Doncel waren hier tätig. Neben der platteresken Fassade gibt es Schmuckelemente, die dem Hochbarock zuzurechnen sind. Im Kreuzgang befindet sich heute ein Museum.

Caumont im Jahre 1417 hier aufhielt. Es heißt, eine Familie auf Pilgerschaft habe in einem örtlichen Gasthaus gerastet, wo sich eine der Mägde in einen Jüngling der Familie verliebte. Als dieser ihre Gefühle nicht erwiderte, wurde sie so wütend, daß sie ihn ins Verderben stürzen wollte. Daher versteckte sie einen wertvollen Kelch im Gepäck des Unglücklichen, meldete den Diebstahl und beschuldigte den jungen Mann. Der gestrenge Richter der Stadt verurteilte den vermeintlichen Dieb zum Tod am Galgen. Nach Verkündung des Urteils begab sich der Richter ins Gasthaus. Während er darauf wartete, daß man ihm ein gebratenes Huhn servierte, kamen Leute aus dem Ort, um ihm mitzuteilen, daß der Verurteilte noch lebe, obwohl man ihn an einem neuen Strick aufgehängt habe. Offenbar hielt ihn ein Engel in der Luft, damit er nicht starb.

– Wollt ihr behaupten, daß ihr ihn aufgehängt habt und er trotzdem noch lebt?

– So ist es, Euer Ehren. Bereits seit einer Stunde hängt er am Galgen, und er lebt immer noch. Anscheinend leidet er noch nicht einmal Schmerzen. Der Strick ist in Ordnung, und seine Füße hängen drei Handbreit über dem Boden.

– Unmöglich. Wenn ihr die Wahrheit sagt, kann der Mann nicht lebendiger sein als dieses Huhn, erklärte der Richter und schickte sich an, den Braten zu verzehren.

Da erhob sich durch göttliche Fügung das Huhn auf dem Teller und begann zu krähen. Entsetzt befahl der Richter, den jungen Mann vom Galgen zu holen und ihm das Leben zu schenken.

Der Reisende setzt seinen Weg fort. Das romanische Frómista und die gotische Kathedrale von

Burgos, wo die Gebeine des Nationalhelden el Cid begraben sind, läßt er hinter sich. Da er so viel von der *pulchra leonina* – wie die Kathedrale von León auf Lateinisch heißt – gehört hat, kann er es kaum erwarten, sie zu sehen. Durch waldige Berge und grüne Felder eilt er dahin, bis er in der Abenddämmerung León erreicht.

Die Straßen, die sich in León kreuzen, sind von strategischer Bedeutung: Die Römer errichteten hier die Garnison für ihre VII. Legion, die der Stadt ihren Namen gab. Auch heute noch finden sich Reste antiken Mauerwerks. Alfons I. von Asturien erbaute hier seine Kasernen für den Kampf gegen die Mauren. Später war die berühmte Stadt Wiege eines Reiches, von dem es hieß

Vierundzwanzig Könige mußten kommen, bevor Kastilien Gesetze kannte.

Der Renaissancekreuzgang des Paradors von León.

Hier versammelt man sich nach dem Essen zu einer geselligen Runde, in der auch die Steine zu sprechen beginnen.

Zudem war León eine der wichtigsten Stationen auf dem Jakobsweg, über den es zu einem kulturellen Austausch zwischen León und dem restlichen Europa kam.

Während der Besucher auf dem Weg zum Parador den Bernesga überquert, stellt er sich vor, wieviel Wasser unter den Bögen der alten Steinbrücke hindurchgeflossen sein mag, seit der englische Reisende Edward Cook Widdrington 1829 schrieb. »Die Arabesken und Ornamente der Fassade von San Marcos sind von unvergleichlicher Schönheit.« Beim Anblick des steinernen Gitterwerks, welches das gewaltige Bauwerk schmückt, empfindet mancher Betrachter ein angenehmes Gefühl der Beklemmung, wie man es zuweilen beim Anblick besonderer Schönheit verspürt.

Der Parador von León geht auf ein Pilgerhospital zurück, das eine einheimische Prinzessin, die Infantin Doña Sancha, im 12. Jahrhundert gründete, um

Zwei Ansichten der Innenräume und des Kreuzgangs des Paradors von León. Der Bau des ehemaligen Klosters von San Marcos wurde 1531 unter dem Baumeister Juan de Badajoz begonnen. Das Renaissancegewölbe des Kreuzgangs ist sein Werk, während einige der Apostel- und Heiligendarstellungen im Kloster dem Künstler Juan de Juni zugeschrieben werden.

»den Armen in Christus Herberge zu gewähren«. Später wurde das Gebäude umgebaut und diente dem militärischen Jakobsorden als Hauptquartier. Der Orden von Santiago war einer der geistlichen Ritterorden, die zur Zeit der Kreuzzüge in Spanien gegründet wurden und sich dem Kampf gegen die Mauren verschrieben hatten. Beim Umbau entschied man sich für den Platereskenstil, der in der Zeit des Übergangs von der Gotik zur Renaissance aufkam. Er imitiert die zierliche Arbeit der Silberschmiede (Plateros), die damals kunstvolles Silbergeschirr für die adligen Familien anfertigten. Später diente San Marcos als Schule, Gefängnis und Kaserne, sogar Zuchthengste waren hier untergebracht. In einem der düsteren Verliese verbrachte Francisco de Quevedo fast vier Jahre, in denen ihm »der Fluß als Kissen« diente.

Nachdem der Reisende den Kreuzgang, die Innenhöfe und die mit antiken Möbeln ausgestatteten Räume besichtigt hat, sucht er das Museum des Paradors auf. Hier befinden sich ein romanischer Christus aus Elfenbein sowie weitere bemerkenswerte romanische und gotische Skulpturen. Mit dieser Beschäftigung verbringt er die Zeit bis zum Essen. Im Speisesaal stürzt er sich mit gewaltigem Appetit auf den kräftigen ortstypischen Eintopf, der acht verschiedene Sorten Fleisch enthält, nämlich Rind, Huhn, Schweineohr, Dörrfleisch, Blutwurst, Schinken, Speck und Chorizo.

Nach einer ausgiebigen Siesta macht er sich am Nachmittag auf dem Weg in die Stadt zur Stiftskirche von San Isidoro. Hier befindet sich die Familiengruft der einstigen Könige von León. Die romanischen Fresken, die das Gewölbe darüber schmücken, sind von besonderer Schönheit. Mit diesem Bild vor Augen durchstreift er während der verbleibenden Nachmittagsstunden die mittelalterliche Stadt. Immer wieder bleibt er vor alten Palästen und den mit Wappen geschmückten Stammhäusern der großen Familien stehen. In den engen Straßen lebten einst die *omes buenos*, die Angehörigen des unter Alfons IX. 1188 gegründeten ersten freien Parlaments Europas.

Die Nacht verbringt der Reisende in tiefem Schlaf unter dem Baldachin seines Bettes, begleitet vom Quaken der Frösche am nahegelegenen Fluß. Am nächsten Morgen folgt er erneut dem Jakobsweg. Nicht weit von León hält er am Orbigo an, um zu Fuß die alte Brücke zu überqueren, deren tausendjährige Steine von den Pilgern abgetreten

sind. Gaukler, adlige Damen, edle Ritter, Bettler, Heilige und Banditen haben diesen Weg genommen. Hinter der Brücke steht auf einer Votivsäule: »Um sich aus der Macht seiner Dame zu retten und ewigen Ruhm zu erlangen, gelobte der Ritter Suero de Quiñones mit neun weiteren Rittern, an dieser Brücke den Überweg ehrenvoll zu verteidigen, indem er sich im Kampf mit der Lanze mit mehr als siebzig Rittern maß, die aus Kastilien, Aragón, Katalonien, Valencia, Portugal, aus der Bretagne, Italien und Deutschland zum Pilgerweg des Apostels Jakobus strebten.« Unzählige Lanzen zerbrach Don Suero in diesen Turnieren. Nicht aus Feindschaft, sondern um seine Liebe und Leidenschaft unter Beweis zu stellen. Doch Don Suero gab sich nicht damit zufrieden, sein Leben aufs Spiel zu setzen. Jeden Freitag erschien er zur Buße mit einem metallenen Ring und einem groben Strick um den Hals, als Zeichen dafür, daß ihn die blauen Augen seiner Dame um den Verstand brachten. Der Rei-

Auf keinen Fall sollte man sich die meisterhaften Holzschnitzarbeiten des Chores der Kathedrale von León entgehen lassen.

Außenansicht der Kathedrale von León, einem der harmonischsten Bauwerke der spanischen Gotik.

sende, der sich zuweilen eine Schwäche für Romantik erlaubt, genießt das Gefühl, dieselbe Luft zu atmen wie Don Suero. Dann setzt er seinen Weg fort, hängt jedoch den ganzen Vormittag noch seinen Gefühlen nach. Vielleicht kann er die edle Dame von einst nicht vergessen, die ihren Liebsten zu solchen Extremen getrieben hat.

Santiago de Compostela

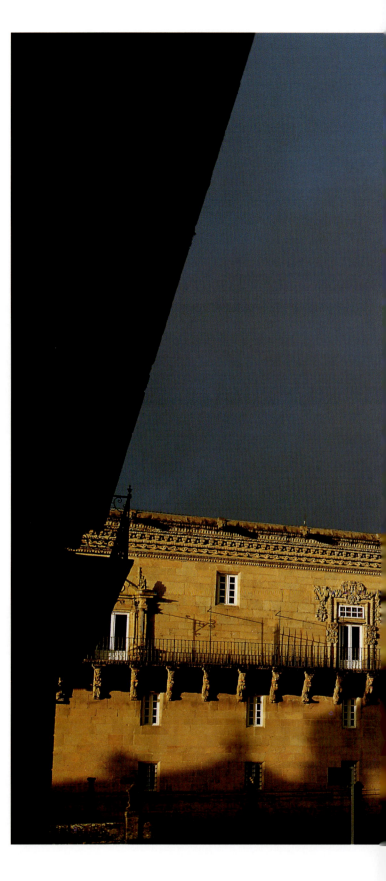

Tagsüber der Sonne, nachts der Milchstraße folgend nimmt der Reisende den Weg nach Finisterre, dem *finis terrae*, wo man im Mittelalter das Ende der Welt vermutete, hinter dem Fabelwesen und andere Gefahren lauerten.

Es ist noch früh am Morgen, und während der Reisende nebelverhangene Wiesen und Wälder durchquert, führt er sich vor Augen, daß neun Jahrhunderte lang gläubige »Franken, Gascogner, Bretonen, Burgunder, Toulousaner, Provenzalen, Normannen, Engländer, Deutsche, Lombarden und andere Menschen verschiedener Nation und fremder Zunge« zum Grab des Apostels Jakobus gepilgert waren. Sie fuhren über das Meer, überquerten die Flüsse und Berge Europas, sie waren von Seuchen und Wegelagerern bedroht und trotzten rauhen Wintern und glühender Hitze.

In diese Gedanken versunken, gelangt der Reisende an den Fluß Lavacolla, am Fuße des Hügels gelegen, von dessen Kuppe aus die schwarzen Türme und roten Dächer von Santiago sichtbar werden. In seinen Wassern wuschen sich einst die Pilger, bevor sie vor den Apostel traten, woran heute noch der galicische Name erinnert. Wer eine zweite Garnitur besaß, der verbrannte hier die zerlumpten, übelriechenden Gewänder, die er auf der Reise getragen hatte, und legte saubere Kleidung an.

In ganz Europa gibt es vielleicht nur ein Dutzend Städte, die diesen Namen verdienen, Städte, die nicht nur eine bloße Ansammlung von Häusern sind, sondern die einen besonderen Charakter besitzen und für den Menschen geschaffen wurden (der den Gelehrten der Antike zufolge das Maß aller Schöpfung ist). Eine davon ist Santiago, der sich der Reisende nun erwartungsvoll nähert.

Ein feiner Sprühregen, der sogenannte Orvallo, benetzt Wiesen und Gärten, doch gleichzeitig steht strahlend die Morgensonne am Himmel. Der Reisende deutet dies als Zeichen dafür, daß die Stadt ihn willkommen heißt.

Der Reisende durchquert die Altstadt. Die Granitmauern der Häuser mit ihren verglasten

Seit den Zeiten der Katholischen Könige finden die Pilger hier Aufnahme,
eine Tradition, die sich bis in unsere Tage erhalten hat.

Holzbalkonen sind grün gefärbt von Moos und Alter. Kurz darauf gelangt er auf einen riesigen gepflasterten Platz, den Obradoiro. Der galicische Name erinnert an die Steinmetzen, die hier einst die Steine für die umliegenden Gebäude bearbeiteten: für Kathedrale und Sanktuarium, das Hospital der Katholischen Könige, den Palacio Raxoy und das Kolleg San Jerónimo.

Die einfache Schlichtheit der Fassade des Paradors von Santiago kontrastiert mit der üppigen plateresken Dekoration des Eingangs. Die Gründungsurkunde aus dem Jahre 1499 weist das Haus als das älteste Hotel der Welt aus, das von den Katholischen Königen errichtet wurde, um »den Pilgern Herberge zu gewähren und kranken und gesunden Gläubigen, die die Stadt besuchen, zu Diensten zu sein, wie es sich gebührt«.

Nachdem der Reisende sein Quartier bezogen hat, erkundet er das Gebäude. Die vier Innenhöfe, die Kassettendecken, Brunnen, Glasfenster, Skulpturen und Teppiche, alles spricht von der Kunst der alten Meister.

Während er noch in die Betrachtung dieser Schätze versunken ist, läuten die Glocken der Kathedrale. Gehorsam ihrem Ruf folgend, überquert der Reisende die Plaza und steigt die barocke Freitreppe zur Basilika hinauf.

Die Basilika von Santiago besitzt zwei Fassaden, von denen die eine wie ein Schutzschirm vor der anderen liegt. Beim Anblick des überquellenden Formenreichtums der – von der Plaza aus sichtbaren – äußeren Front würde niemand vermuten, daß sich dahinter eine romanische Fassade verbirgt, die sich an Schönheit mit den berühmtesten Kathedralen Europas messen kann. Wenn Steine die Verehrung Gottes verkünden können, so denkt der Reisende, dann diese hier, die von der Kunst der Steinmetzen und Handwerksmeister zeugen.

SANTIAGO DE COMPOSTELA

Das frühere königliche Pilgerhospital wurde
von 1511 bis 1524 unter dem Patronat der
Katholischen Könige und von den Architekten Enrique Egas und Diego de Muros
erbaut. Das Hauptportal ist ein Werk der
französischen Meister Martin de Blas und
Guillén Colás. Die Fassade wurde allerdings 1678 unter der Leitung des Mönches
Tomás Alonso umgestaltet. Vor dem Hospital öffnet sich ein weiter Platz von besonde-
rem Zauber, der Obradoiro, der an den
übrigen drei Seiten von der Kathedrale,
dem Palacio Raxoy und dem Kolleg San
Jerónimo eingefaßt wird.

*Die moderne Gestaltung der Innenräume
läßt sich durchaus mit der üppigen plateresken
Fassade des Paradors vereinbaren.*

*Innenansichten des früheren Hospital Real, das auf Veranlassung
der Katholischen Könige in Santiago de Compostela für die Pilger erbaut wurde.*

Gänge und Säle, Kirchenschiffe, Kreuzgänge und Kassettendecken verdienen zweifellos Aufmerksamkeit.

Manch ein Besucher, der nicht nur Kunstliebhaber ist, sondern sich auch stets für die Gebräuche der von ihm besuchten Orte interessiert, reiht sich in die Schar der Gläubigen ein, die den Kopf einer Skulptur berühren möchten, einer Skulptur, die angeblich Meister Mateo, den Schöpfer des großartigen Portals, darstellt. Im Inneren der Kirche bewundert der Besucher den mannshohen Botafumeiro, das größte Weihrauchfaß der Welt. Von acht kräftigen Chorherren getragen, verbreitete es einst im gewaltigen Mittelschiff seine heilsamen Düfte. Das Faß war seit dem 14. Jahrhundert in Gebrauch, um den Gestank der gläubigen, aber ungewaschenen Menge zu überdecken, die sich in die Kirche drängte. Heute wird das Faß nur noch der Tradition wegen eingesetzt, nicht weil Notwendigkeit dafür bestünde.

Der Reisende mischt sich unter die Menge der Gläubigen, die die gewaltigen Schiffe des Gottes-

Panoramaansicht der Kathedrale von Santiago.

hauses füllt, und läßt sich treiben. Hinter dem Altar steigt er über eine Treppe zur Statue des Apostels Jakobus und umarmt sie, wie es der Brauch ist.

Dann tritt er hinaus ins Freie und geht um das Gebäude herum. Sein Rundgang führt ihn durch die verschiedensten Baustile, von der Fachada de las Platerías bis zur Puerta Real, dem Meisterwerk des compostelanischen Barocks. An der Fachada de la Azabachería kauft er an einem der Stände, die sich an die alten Mauern lehnen, ein Amulett aus pechschwarzem Bernstein: eine Hand, die den bösen Blick abwehren soll.

Schließlich spricht unser Reisender einen alten Priester an, der mühselig über die Plaza humpelt.

– Entschuldigen Sie, Hochwürden. Wo kann man hier gut essen, ohne ausgenommen zu werden?

Der Priester betrachtet ihn nachsichtig.

– In Compostela ißt man überall gut, aber hier in der Straße gibt es ein Restaurant, das Ihnen gefallen wird.

– Möge der Herr es Ihnen vergelten.

In Santiago de Compostela stärken sich die Touristen mit gekochtem Tintenfisch, serviert auf Holztellern, oder Jakobsmuscheln, dem Wahrzeichen der Pilger. Dazu trinkt man üblicherweise aus Keramikschalen Ribeiro oder Albariño, typische Weine der Region.

Der Reisende hält sich also an den einfachen örtlichen Wein, entscheidet sich aber für ein üppiges Fischgericht: Neunauge im eigenen Saft, eine galicische Spezialität.

Detail des legendären Pórtico de la Gloria der Kathedrale von Santiago.

Die Hauptfassade der Kathedrale von Santiago kann als eines der gelungensten Werke des galicischen Barock gelten.

VILLALBA

Granit und Moos, jahrhundertealte Gutshäuser und Kornspeicher, Schiefer und mächtige Steinkreuze, die Cruceiros, bestimmen das Bild der galicischen Landschaft. In Villalba sind die Bäume höher als die Berge, und das Grün der Obstgärten wetteifert mit dem der immergrünen Wiesen.

In dieser Gegend besitzt, nein, besaß, der Reisende einen guten Freund. »Kapaun von Villalba [...] in deinem saftigen Fleisch, das mit Roggen und

Blick auf die grauen Schieferdächer.

Der Bergfried zeichnet sich durch seinen achteckigen Grundriß aus. Es handelt sich um eines der größten Bauwerke dieser Art in Galicien.

Kastanienbrei gemästet wurde, findet sich der Wohlgeschmack des Landes, der Duft der Holzfeuer, die wochenlang neben den Capoeiras in den ländlichen Küchen brannten.« Die Texte Alvaro Cunqueiros, eines modernen spanischen Schriftstellers, im Kopf, überquert der Reisende am Morgen die Ebene, die sich wie ein grünes Meer vor ihm erstreckt. An den baumbestandenen Ufern des Flusses Ladra entdeckt er die Zinnen eines achteckigen Turmes.

Der achteckige Bau, der Teil der früheren Burg der Andrade ist, besitzt praktisch keine Fenster. Der düstere, kriegerische Eindruck wird jedoch gemildert durch die umgebenden Zypressen und die grünen Kletterpflanzen, die sich im Herbst rot färben. Peter I. der Grausame schenkte die Festung Fernán Pérez de Andrade, einem Kriegsherren, der

VILLALBA

Der Turm der Andrade erhebt sich im Zentrum der Stadt und beherrscht eine üppige grüne Landschaft, deren gelassene Heiterkeit nichts von ihrer kriegerischen Geschichte verrät. In diesem Bergfried, mit seinen vier Stockwerken aus Stein und Edelhölzern, befindet sich der Parador. Es handelt sich um einen der interessantesten mittelalterlichen Festungsbauten Galiciens, vor allem wegen der untypischen achteckigen Bauweise. Der Zugang erfolgt über eine nachgebaute Zugbrücke, die zum großen Salon führt. Hier sieht man auf Wandgemälden die Herren von Andrade, die »Grafen von Villalba« mit ihren Wahrzeichen Bär und Wildschwein. Letztere sind auch an einer Außenwand des Turmes in Stein gemeißelt.

Das Restaurant befindet sich im Erdgeschoß, in den übrigen Stockwerken stehen sechs Zimmer zur Verfügung. Gekrönt wird das Bauwerk von Zinnen, die einen Blick auf die weite Hochebene der Terra Cha gewähren.

weite Gebiete, bis hin zur Küste, unter seine Kontrolle brachte. Hinter einem Granitkreuz entdeckt der Reisende die Zugbrücke, die zum Turm führt. Das Kreuz abseits der Straße, so erzählt man ihm, stehe dort zur Erinnerung an die zahlreichen *Irmandiños*, die bei ihrem berühmten Aufstand am Fuße des Turmes starben. Diese mittelalterlichen Revolutionäre seien die ersten Europas.

– Und was verlangten sie?
– Na was schon? Das, was alle Revolutionäre wollen: freien Zugang zu den Kornspeichern ihres Herrn und zu den Unterröcken seiner Frau.
– Und was haben die Andrade dagegen unternommen?
– Na was schon? Als sie keine Lust mehr hatten, Kehlen durchzuschneiden, ließen sie die überlebenden *Irmandiños* um 1480 den Turm wieder aufbauen und erhoben weiter ihre Abgaben.

Der Reisende stellt sich die Andrade als kräftige Krieger vor, die sich an den als Tribut erhaltenen Kapaunen mästeten. Vermutlich vergnügten sie sich damit, Hufeisen mit der Hand aufzubiegen oder nach einer Nacht voller Exzesse durch den See zu schwimmen.

Der Reisende interessiert sich mehr für die Freuden dieser Welt als für das melancholische Gedenken an die Toten, doch dieses Mal besucht er zwei Gräber: das von Cunqueiro in Mondoñedo, der im 18. Jahrhundert gern Erzbischof von Manila geworden wäre, und das von Fernán Pérez de Andrade in der gotischen Kirche von San Francisco de Betanzos. Der Adlige zeigt sich hier bis an die Zähne bewaffnet. Auf einen Stein gestützt, der den Jahrhunderten getrotzt hat, steht er mit einem Fuß auf einem Wildschwein, mit dem anderen auf einem Bären.

Später besucht der Reisende die »ría« (Bucht) von Betanzos, ein Gebiet, dessen Bild von tiefen Wassern, schwarzen Schieferdächern und grünen Wiesen geprägt ist. Gesättigt von den Eindrücken rund um Villalba zieht es ihn anschließend zum nächsten Parador in Richtung Pontevedra.

Innenansichten des Paradors von Villalba.   *Ein Blick auf die ländliche Umgebung.*

PONTEVEDRA

Während der Reisende die mit Teppich ausgelegte, steinerne Freitreppe emporsteigt, denkt er an die Generationen von Händen, die vor ihm die Balustrade geglättet hatten: zarte Hände in Handschuhen, rundliche Hände, schwielige Hände, die Hände edler Damen und Herren wie die von Bauern und Mägden. Die Casa del Barón, der heutige Parador von Pontevedra, wurde im 16. Jahrhundert auf den Ruinen einer römischen Villa errichtet. Im 18. Jahrhundert erweiterte Benito de Lanzós, Graf von Maceda und spanischer Grande, die Anlage um den Turm und die von Granitsäulen getragene Loggia. Später ging das Anwesen in den Besitz des Marquis de Figueroa y de la Atalaya über. Vor dem geistigen Auge des Reisenden taucht der Marquis in seiner enggeschnittenen Generalsuniform auf, wie er sich am Fuß der Treppe umwandte, um einen letzten Blick auf seine Frau zu werfen. Diese stand in einem blauen Seidenkleid im Empirestil, wie man es bei den Damen auf den Gemälden Goyas sieht, in dem offenen Gang über dem Bogen. Sie verabschiedete den Marquis mit einem Winken ihrer zarten Hand (auch diese hatte auf der Balustrade gelegen), wobei sie nur mühsam die Tränen zurückhielt. Wenige Tage später, am 14. Juli 1808 kurz nach Mittag, wurde der Marquis in der Schlacht von Medina de Rioseco auf einem staubigen, in der Sommerhitze glühenden Feld von der Lanze eines Franzosen aus Bessières durchbohrt.

Nach dem Tod des Marquis verfiel das Haus schnell. In den verlassenen Salons, in denen einst die Marquise das Klavichord gespielt hatte, erklangen nun die Stimmen der Kinder einer Armenschule, die den Katechismus aufsagten. Später diente das Gebäude als Lagerhaus für Salz, das die Konservenindustrie dringend benötigte, und wurde schließlich Sitz einer Freimaurerloge, wie sie sich in der spanischen Provinz des 19. Jahrhunderts so zahlreich entwickelten. Eine Stadt, die stark zum Meer hin orientiert und für den Fortschritt offen war wie Pontevedra, bot hierfür einen besonders günstigen

Die Casa del Barón, der heutige Parador von Pontevedra.

Nährboden. Der Tiefpunkt war erreicht, als die Salons und Gänge des alten Palastes mit billigsten Materialien unterteilt wurden, um möglichst viele Mieter unterbringen zu können. Die Schäbigkeit, in der diese neuen Bewohner lebten, stand in scharfem Kontrast zu den Spuren der vergangenen Pracht. Vor Spitzhacke und Spekulation rettete erst Eduardo de Vera y Navarro, der Baron de Casa Goda, das Gebäude. Er ließ die Spuren des Niedergangs beseitigen, Zwischenwände, nachträglich eingebaute Fenster und Dächer entfernen und gab dem Palast seine ursprüngliche, bis heute erhaltene Gestalt zurück.

Das Gutshaus, in dem sich der Parador befindet, zeigt seinen ursprünglichen palastartigen Charakter.

PONTEVEDRA

Das stattliche Gutshaus Maceda wurde im 16. Jahrhundert auf den Ruinen einer römischen Villa errichtet und im 18. Jahrhundert von dem Grafen von Maceda umgebaut. Dabei erhielt das Haus die für galicische Landsitze typische Gestalt, die man so weit wie möglich erhalten hat. Fassade und Portal sind klassizistisch. Im Inneren fällt die schöne Steintreppe auf, die noch aus dem ursprünglichen Gebäude stammt. Bemerkenswert ist auch die alte, typisch galicische Küche. Letzter Besitzer der Villa war der Barón de la Casa Goda, daher auch der Name des Paradors: Casa del Barón.

Gegen Mittag begibt sich der Reisende in die Stadt, wo er sich in den Straßen des Hafenviertels verliert. Zwischen den Geranien an einem offenen Fenster entdeckt er lange Tintenfischstreifen, die über einem Ofen trocknen. Sein Appetit ist geweckt. An einem kleinen Platz stößt er auf gleich drei Gasthäuser, was ihm die Wahl nicht leicht macht. Schließlich entscheidet er sich für eines, das *Filloa* anbietet, eine Art Crêpe mit Meeresfrüchten in Seeigelsoße. Besonders erfreut ist er darüber, daß in dem Lokal nicht wie sonst üblich ein Fernseher in voller Lautstärke läuft, was dem Ruhe suchenden Gast leicht den Genuß verderben kann. Noch den typischen Meeresgeschmack des Seeigels auf der Zunge, kehrt der Reisende in sein Quartier zurück und hält eine kurze Siesta. Er liest von den mühsamen Wegen des Teukros, des homerischen Helden und sagenhaften Gründers von Pontevedra. Damals nannte der Hafen sich Helenes, später tauften ihn die Römer Duos Pontes, was unter den Christen zu Pontis Veteris wurde. Am Nachmittag durchstreift

Ein besonders einladender Winkel des Paradors von Pontevedra. In dem prächtigen Spiegel sieht man die Freitreppe.

Vorherige Doppelseite:
Eine letzte Ruhestätte an den Ufern des Miño in Pontevedra

Die Kirche Santa María la Mayor in Pontevedra ist eines der schönsten Beispiele für den gotischen Mudéjarstil.

Die Kirche der Virgen Peregrina,
der Schutzpatronin von Pontevedra.

unser Reisender die Gassen der Altstadt, wo an den
moosüberwucherten Mauern der alten Paläste
stolze Wappen prangen. In Santa María la Mayor,
einer gotischen Kirche im Mudéjarstil, zündeten
einst die Reisenden Kerzen an und baten den Cristo
del Buen Viaje um Schutz, bevor sie sich auf ihren
Segelschiffen den Gefahren des Meeres aussetzten.
Sehenswert scheint dem Reisenden auch die archäo-
logische Sammlung des alten Klosters von Santo
Domingo, das sich durch seine fünf Apsiden auszeichnet. Schließlich genießt er den Sonnenuntergang in Combarro, einem Fischerdorf, das mit
seinen grauen Kornspeichern und grünen Netzen
einen malerischen Anblick bietet.

Die leuchtenden Farben verleihen dem
Fischerdorf Combarro einen besonderen Reiz.

BAIONA

Als sich der Nebel lichtet und der Morgen heraufzieht, blickt der Reisende von seinem Fenster auf das Meer hinaus und beobachtet, wie vor der Landzunge die grün bewachsenen Granitklippen der Cíes-Inseln auftauchen. Nach dem Frühstück bringt ihn ein Boot durch stürmisches Wasser zur südlichsten der drei Inseln. Die mitten in der Bucht gelegene Insel San Martiño heißt noch nach dem hier einst stehenden Benediktinerkloster. Früher wurden hier auch die Wale verarbeitet, die die mutigen Walfänger Kantabriens erbeutet hatten.

Zum Parador Conde de Gondomar zurückgekehrt, erkundet der Reisende das Vorwerk, das die Landenge versperrt und die winzige, von Steilhängen umgebene Halbinsel schützt. Vom höchsten Aussichtsturm wirkt das Vorgebirge wie ein grüner Balkon, der auf den Ozean hinausgeht, oder wie ein robustes Schiff, das mit dem Kontinent im Schlepptau durch das Wasser pflügt.

Der Parador wurde auf den Ruinen eines Schlosses errichtet. Helden wie Viriatus, der lusitanische Krieger, der die Römer in Atem hielt, und Almansor, der große islamische Heerführer, hielten sich

Der Parador Conde de Gondomar bei Pontevedra. Im Mittelalter befand sich hier der wichtigste Hafen Galiciens.

BAIONA

Im Inneren der Festung von Monte Real befindet sich der Parador Conde de Gondomar, der nach dem ständigen Gouverneur von Monte Real benannt wurde, Don Diego Sarmiento de Acuña, Graf von Gondomar. Von 1612 bis 1623 war er Botschafter Spaniens am Hofe Jakobs I. von England.

Wo heute der Parador liegt, befand sich einst ein Franziskanerkloster, von dem nur noch die Kuppel der Hauptkapelle erhalten ist. Sie erhebt sich nun über Halle und Haupttreppe des Paradors.

Im Jahre 140 vor Christus fügten die Bewohner von Baiona mit Viriatus an ihrer Spitze am Fuße der Festungsmauern den römischen Legionen eine vernichtende Niederlage zu.

Als die Kanonen aufkamen, verstärkte man die Mauern, um den neuen Waffen standhalten zu können. So entstand der Umgang in seiner heutigen Form, der es ermöglichte, die Kanonen dorthin zu bringen, wo sie zur Verteidigung gebraucht wurden.

Am 1. März 1493 lief in den Hafen von Baiona die Karavelle *La Pinta* ein und überbrachte die Nachricht von der Entdeckung der Neuen Welt.

hier auf. Bei seinem Spaziergang zwischen den Kanonen, die die Zitadelle des 18. Jahrhunderts verteidigten, stellt sich der Reisende das Entsetzen vor, mit dem der erste Indianer, der an Bord der Karavelle *La Pinta* hierher gelangte, Mauern und Verteidigungsanlagen, gepflasterte Straßen und Pferde betrachtet haben muß. Auf der Rückfahrt von der ersten Reise von Kolumbus ging das Schiff hier im Frühjahr 1493 vor Anker. Der unglückselige Indianer starb bald darauf, da sein Immunsystem keinen Schutz vor den Krankheiten der Europäer bot. Er erhielt in Baiona ein christliches Begräbnis.

Der Parador ist ein Labyrinth von Anbauten, Gängen, Innenhöfen und Treppen, in dem sich Baustile und Elemente verschiedener Epochen mischen. Die dominierende horizontale Ausrichtung der Anlage wird durch die vertikalen Linien der drei Festungstürme unterbrochen, deren Fundamente aus dem 10. Jahrhundert stammen. Der Name des Torre del Príncipe (Turm des Fürsten) erinnert an einen österreichischen Adligen, der hier auf Lebenszeit eingesperrt war. Von ihm kennt man weder den Namen noch den Grund für sein trauriges Schicksal, da er niemals sprach und sein Gesicht stets mit einer eisernen Maske bedeckt hielt. Die alten Leute im Dorf sind überzeugt davon, daß der Geist des geheimnisvollen Gefangenen noch heute im Schloß und seiner Umgebung spukt. In vom Mondlicht erhellten Nächten soll man häufig aus der Ferne seine Gestalt erkennen, die auf das Meer hinausblickt, als würde sie jemanden erwarten.

Parador und Burg von Baiona. Wie ein Damm liegt die Festung an der Bucht von Vigo.

ZAMORA

An einem sonnigen, heiteren Morgen kann der Reisende sich nicht entscheiden, ob er Zamora über die steinerne oder die eiserne Brücke betreten sollt. Zamora ist eher von der Romanik als von der Gotik geprägt, doch der Parador, in dem der Reisende absteigt, befindet sich in einer Burg aus dem 15. Jahrhundert. Viel Blut haben die goldenen Mauerquader im Laufe der ereignisreichen Geschichte fließen sehen. Das Gebäude wurde 1459 vom ersten Grafen von Aliste, einem Onkel König Ferdinands V. von Kastilien, auf den Ruinen einer maurischen Festung errichtet. Ein Jahrhundert später wurde es während des Aufstands der Comuneros zerstört, als sich der kastilische Adel gegen Karl V. erhob. Später baute der vierte Graf von Aliste die Burg wieder auf, wobei er dem aus Italien stammenden Renaissancestil den Vorzug vor der kastilischen Schlichtheit gab. Der Reisende weiß nicht, was er mehr bewundern soll, die meisterhafte Steintreppe oder die prächtige deutsche Rüstung für Pferd und Reiter, die auf dem Treppenabsatz steht. Zu seinem Zimmer gelangt er über eine aus der Renaissance stammende Loggia, deren Wände von Teppichen der Real Fábrica geschmückt werden. Das Fenster geht auf die Plaza hinaus, auf der in der Karwoche das *Miserere* gefeiert wird.

Nach einem Bummel durch den Barrio Viejo, das Alte Viertel, mit seinen alten Häusern und düsteren Palästen gelangt der Reisende auf einen Weg, der um die Stadtmauern herumführt.

Im Schatten einer Pappel stößt er auf eine Gruppe von Spaziergängern, mit denen er ein Gespräch anknüpft.

– Diese kleine Tür, die Sie dort sehen, ist der Postigo de la Traición, durch den Bellido Dolfos, der Mörder König Sanchos, vor der Lanze des ihn verfolgenden Cid in die Stadt floh.

– Vielleicht war er aber gar kein Verräter, meinte ein anderer. Man darf nicht vergessen, daß der König Zamora belagert hielt, um es gegen jedes

Innenansichten des Parador Conde de Alba y Aliste in Zamora. Diese Burg zählt zu den bedeutendsten Werken der zivilen Architektur in Kastilien und León.

ZAMORA

Der Parador befindet sich in einem 1459 vom ersten Grafen von Alba und Aliste erbauten Schloß, das als eines der bedeutendsten Beispiele für die zivile Architektur in Kastilien und León gilt. Während des Aufstands der kastilischen Städte wurde das Gebäude schwer beschädigt, so daß es unter dem vierten Grafen von Alba und Aliste restauriert werden mußte, wobei der damals dominierende Renaissancestil bevorzugt wurde. Bemerkenswert ist vor allem der große Innenhof mit den umlaufenden zweistöckigen Arkaden. Auf den Medaillons sind Motive aus Mythologie und Heraldik dargestellt.

Recht seiner Schwester wegzunehmen. Die Infantin
hatte die Stadt von ihrem Vater geerbt.

Ein Streit bricht aus, bei dem die einen für die
Infantin, die anderen für König Sancho Partei er-
greifen. Der Reisende will sich nicht in Familien-
angelegenheiten einmischen und verabschiedet sich
von der gelehrten Runde. Durch enge Gassen gelangt er zur Kathedrale mit ihrer byzantinischen
Kuppel, dem gotischen Chorhaupt und der grie-
chisch-römischen Fassade.

Als der Reisende abends das Lichtspiel des Son-
nenuntergangs auf dem Duero und den umliegenden Feldern bewundert, erkennt er, warum die
Mauren den Ort *Samurah* genannt hatten, »die
Stadt der Türkise«.

*Bei einem Gang durch das Innere des Paradors von
Zamora fühlt man sich wie im Museum.*

Die Kirche von San Juan ist ein Zeugnis der
Romanik am Übergang vom 12. zum 13. Jahrhundert.

Die Kathedrale von Zamora.
Ansicht der eleganten Vierungskuppel.

Unter der Herrschaft der Römer war Zamora
als Ocellum Duri *bekannt, als »Auge des Duero«.*

CIUDAD RODRIGO

In dieser Stadt lebte einst La Coronada, besser bekannt als Doña María Alfonso, eine Frau von großer Tugendhaftigkeit. Als König Johann II. von Kastilien sie zur Geliebten nehmen wollte und sie keinen Ausweg mehr sah, dem Drängen des Herrschers zu entgehen, goß sie sich selbst einen Topf mit kochendem Öl über Gesicht und Brust, wobei sie folgende Worte sprach: « Möge Gott mich davor bewahren, deinetwegen eine niedrige, verabscheuenswürdige Sünde zu begehen. » Eine solche Tat wird auch der Sevillanerin María Coronel zugeschrieben.

Ansicht der Stadt, in der noch zahlreiche Adelshäuser mit ihren dekorativen Wappen erhalten sind.

Der Parador Enrique II. in Ciudad Rodrigo, Salamanca, dem alten Augustobriga der Römer.

Etwas mitgenommen von der entsetzlichen Geschichte, trinkt der Reisende seinen Kaffee und sinniert über die mutigen Bewohner dieser Festung, die es an Standfestigkeit mit den Mauern aufnehmen konnten. Er hat es sich auf einem Ledersessel im sonnigen Salon des Paradors von Ciudad Rodrigo gemütlich gemacht. Der ehemalige Alcázar der alten Grenzstadt diente der Verteidigung gegen Mauren und Portugiesen. Heute, in friedlicheren Zeiten, hat man die Muße, die Schönheit dieser aus dem Krieg geborenen Stadt zu genießen.

Der im 14. Jahrhundert von Heinrich von Trastámara erbaute Alcázar von Ciudad Rodrigo besteht aus einem massigen Turm, um den herum sich die zivilen Gebäude gruppieren. Das schlichte Äußere verbirgt prachtvolle Innenräume: In den hohen Gängen finden sich Wandteppiche, Rüstungen, Vertikos und andere antike Gegenstände. Die Zinnen

CIUDAD RODRIGO

Der in der Burg untergebrachte Parador bietet seit 1929 dem Reisenden Unterkunft. Der Steilhang über dem Tal des Agueda wurde von König Alfons VI. erobert, der den Grafen Rodrigo González Girón mit der Wiederbesiedlung beauftragte. Von dieser ersten Festung ist jedoch nur wenig erhalten. Der heutige Bau geht auf Heinrich von Trastámara den Bastard zurück, der nach einem blutigen Bürgerkrieg gegen seinen Bruder Peter den Grausamen, den rechtmäßigen Herrscher, König von Kastilien wurde.

*In den mächtigen, zinnenbewehrten Mauern finden
sich noch wenige Reste römischen Mauerwerks.*

der mächtigen efeuüberwachsenen Mauern spiegeln
sich in den ruhigen Wassern des Águeda.

Zum Mittagessen genießt der Reisende den Fari-
nato, eine einheimische Wurstspezialität, die ihm
ein anderer, erfahrener Gast empfohlen hat, und
krönt das Mahl mit einem Honigdessert und Käse.

– Hat es Ihnen geschmeckt?
– Es war köstlich.
– Vor ein paar Jahren hätten Sie hier noch unseren Eintopf mit grüner Eidechse probieren können,
eine Delikatesse. Leider wird sie nicht mehr zube-
reitet, weil die Tiere unter Naturschutz stehen.

Den Beschränkungen des modernen Lebens
kann sich der Reisende nicht entziehen. In Gedanken daran durchstreift er am Nachmittag den Ort
und gibt sich geistigen Genüssen hin. Besonders

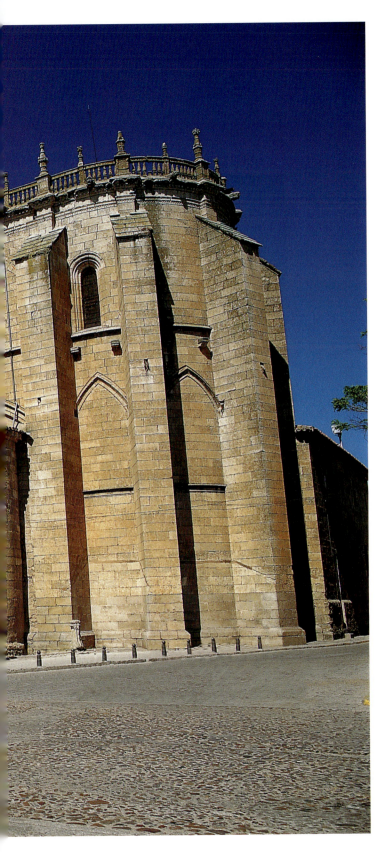

beeindrucken ihn das berühmte Sterngewölbe der Kathedrale und die Grabmäler der Ritter, Damen und Patrizier, die in Kreuzgängen und Kapellen in ihrer Schönheit miteinander wetteifern.

Am folgenden Morgen besucht er die Peña de Francia, den Berg, auf den sich Rodrigo, der letzte Gotenkönig seiner Dynastie, zurückzog. Dort lebte er als Einsiedler, nachdem er die Tochter Don Juliáns, des Gouverneurs von Ceuta, vergewaltigt hatte. Der empörte Vater rächte sich für diese Verletzung seiner Ehre, indem er den Arabern gestattete, in Spanien an Land zu gehen. So ging durch die flüchtige Lust eines Einzelnen ein Königreich verloren. Zusammen mit einer Schlange lebendig begraben, klagte der unglückselige Rodrigo:

> *Wegen meiner entsetzlichen Sünde*
> *verschlingt sie mich.*

So heißt es in einer alten kastilischen Ballade.

Der Reisende sinniert darüber, welch entsetzliche Folgen manche unserer Handlungen haben können, worauf er sich zu Bett begibt und friedlich einschläft.

Ansichten der Kathedrale und des Rathauses von Ciudad Rodrigo, Salamanca. Mit dem Bau des Chorhaupts der Kathedrale wurde, vermutlich auf Veranlassung Ferdinands II., im 12. Jahrhundert begonnen.

JARANDILLA DE LA VERA

Das Schönste in Spanien ist die Vera; das Schönste in der Vera ist Jarandilla [...]. Hier möchte ich begraben werden, um zum Himmel aufzusteigen.« So lobte Karl V., der mächtigste Mann und der größte Reisende seiner Zeit, diesen Ort.

Jarandilla ist ein von lieblichen grünen Tälern umgebener Garten. Die zahlreichen Quellen werden in den Schluchten zu reißenden Bächen, doch im späteren Verlauf fließen die Wasser friedlich zwischen fruchtbaren Obstgärten und kleinen Wäldchen. Dieser paradiesische Ort war bereits in der Antike besiedelt, wovon römische Brücken und Straßen und die Überreste mittelalterlicher Bauten Zeugnis ablegen, auf die man bei einem Streifzug durch die Gegend häufig trifft. In der von den Tempelrittern erbauten Kirche von Jarandilla ist ein altes Taufbecken erhalten, das mit dem religiösen Hakenkreuzsymbol geschmückt ist.

Um die Wende vom 14. zum 15. Jahrhundert errichteten die Grafen von Oropesa und die Marquis von Jarandilla auf den Ruinen der alten Templerfestung die Burg, die heute den Parador beherbergt. Von außen ist Jarandilla eine viereckige Festung mit abgewinkeltem Tordurchgang, Zugbrücke, Pechnasen, Schießscharten und massiven, eckigen Türmen. Hinter den abweisenden Mauern jedoch stößt der Reisende auf eine Oase voll Frieden und Schönheit, ein Renaissanceschloß, das um einen Innenhof herum angelegt ist, in dem Efeu, Zypressen und Palmen nebeneinander gedeihen. Das kristallklare Wasser des Brunnens in der Hofmitte kontrastiert mit der unbeweglichen Schönheit der doppelstöckigen gotischen Arkaden und der Steinbalustrade.

Unter den schweren Deckenbalken erklang einst auf den steinernen Böden der schwere Schritt des von der Gicht geplagten, vorzeitig gealterten Herrschers über zwei Welten. Enttäuscht von der Eitelkeit der Macht, hatte er 1555 in Brüssel allen Ämtern entsagt, um sein Alter friedlich in der Abgeschiedenheit der grünen Landschaft der Vera

JARANDILLA DE LA VERA

Don García Álvarez von Toledo, Marquis von Jarandilla, Graf von Oropesa und Ordensmeister der Jakobsritter, begann Ende des 14. Jahrhunderts mit dem Bau der Burg, wobei sich die Arbeiten über fast ein Jahrhundert hinzogen. Die viereckige Anlage gruppiert sich um einen großen Innenhof im italienischen Stil. Bemerkenswert sind die zweistöckigen Arkaden, wobei die unteren Stichbögen, die oberen Korbbögen aufweisen.

Von November 1555 bis Februar 1557 residierte hier Kaiser Karl V., während er darauf wartete, daß die Arbeiten an seinem letzten Aufenthaltsort, dem nahegelegenen Kloster von Yuste, abgeschlossen wurden.

zu verbringen. Sein endgültiges Ziel war das nahegelegene Kloster von Yuste, sieben Kilometer von Jarandilla entfernt. Während dort gebaut wurde, hielt er sich in Jarandilla auf. Mit sich brachte er Köche, Brauer, Beichtväter und Soldaten, sein unvermeidliches Gefolge. Der Macht hatte er entsagt, nicht aber seiner legendären Gefraßigkeit. Sogar lebende Austern und marinierte Fische ließ er heranschaffen. Es ist anzunehmen, daß ein solcher Feinschmecker auch die einheimische Küche zu schätzen wußte, zu deren Spezialitäten Spargel und andere Gemüse, gebratenes Zicklein, kräftige Suppen, Käsekuchen und vor allem der berühmte Piornal-Schinken und die köstlichen Schweinswürste aus Extremadura zählen. Überhaupt spielt Schweinefleisch eine wichtige Rolle in der regionalen Küche, wie sich aus dem nachstehenden Vers ersehen läßt. Auf der Hochzeit eines gewissen Antón wird das dort servierte Schweinefleisch gleich mit sechs verschiedenen Namen benannt:

Seis cosas hubo
en la boda de Antón:

cerdo, cochino,
puerco, marrano,
guarro y lechón

Wenn in den friedlichen Abendstunden des Herbstes draußen der Regen fiel, saß der Kaiser, der gegen die Lutheraner und den Papst gekämpft hatte und fünfmal über das Meer gefahren war, in einem eigens für ihn angefertigten Armsessel mit Ledersitz (der sich heute noch im Parador befindet) vor dem Kamin. Er erinnerte sich an seine Reisen und Schlachten und daran, wie er mächtige Städte und schöne Frauen erobert hatte. Vielleicht erhob er sich, wenn die Dunkelheit hereinbrach, um persönlich die Uhren seiner Sammlung aufzuziehen. Wenn es dann Frühling wurde, brachte man ihm blühende Kirschzweige aus dem nahen Jertetal. In den langen Winternächten ließ er sich wohl von einem Gaukler aus dem Dorf unterhalten, der ihm das Lied von der Serrana de la Vera sang, der legendären Frau, die vorüberziehende Reisende erst verführte und dann ermordete. Ihr Schlupfwinkel in der nahegelegenen Garganta de la Olla (Schlucht von Olla) ist auch heute noch zu besichtigen. Nicht weit war es auch zur sogenannten *Casa de las Muñecas*, dem Puppenhaus, in dem die Freudenmädchen untergebracht waren, die dem Gefolge des Kaisers diskret die Zeit vertrieben. Man kann gut verstehen, daß einer der Höflinge die Vera beschreibt als den »Ort, an dem Seele und Körper sich am besten erholen und erfreuen«.

Der Parador Carlos V. in Jarandilla de la Vera, Cáceres. Hier lebte Karl V., bevor er sich ins Kloster von Yuste zurückzog.

Folgende Seiten:
Nicht ohne Grund sagte Karl V., er wolle gern in Jarandilla de la Vera begraben werden.

Seiten 82 und 83:
Nach der Restaurierung wurde die Burg zum Parador Nacional de Turismo.

OROPESA

Wie die Sirenen der Antike singt Oropesa am Wegrand sein Lied, um den Vorüberziehenden zu verführen. Der Reisende ist der alten Straße am Tajo entlang gefolgt. Vormittags hat er die Stiftskirche von Talavera de la Reina besichtigt, von der die einen behaupten, sie sei im Mudéjarstil der Gotik erbaut, während die anderen sie für byzantinisch-romanisch halten. Die blaue Keramik von Talavera und auch die grünen Töpferwaren von Puente del Arzobispo will er unbedingt sehen. Auf seinem Weg in Richtung Extremadura entdeckt er jedoch auf einem sanften Hügel die geheimnisvolle Silhouette der Burg von Oropesa und kann der Versuchung nicht widerstehen, dort die Nacht zu verbringen. Vielleicht hat er auch Somerset Maugham gelesen: »Eigentlich wollte ich dort nur zu Mittag essen, aber ich fand den Ort so angenehm, daß ich beschloß, eine Weile zu blei-

ben«. Häufig folgt ja der Leser den Schritten des Autors, um so die Erfahrung des Lesens zu vertiefen. Vielleicht wandelte auch Somerset Maugham in Oropesa auf den Spuren großer Vorgänger wie der heiligen Teresa von Ávila und dem heiligen Johannes vom Kreuz.

Oropesa besteht eigentlich aus zwei Burgen. Eine Mauer, die von einer mit Pechnasen versehenen Brustwehr gekrönt wird, trennt beide voneinander. Im neuen Schloß befindet sich heute der Parador. Die alte Festung kontrollierte einst während der Reconquista den Weg von Extremadura zur Hochebene. Auch danach war sie in den Kämpfen um den kastilischen Thron zwischen Peter dem Grausamen und seinem unehelichen Bruder Heinrich von Trastámara noch von Bedeutung. Mit den Steinen dieser Festung, von der der östliche Turm noch am besten erhalten ist, wurde im 15. Jahrhundert eine Burg im Mudéjarstil erbaut. Ein Jahrhundert später wurde dieser Bau durch palastähnliche Anbauten im plateresken Stil ergänzt. Der neue Besitzer der Anlage, Don Fran-

OROPESA

Die eigentliche Burg befindet sich in der östlichen Hälfte eines trapezförmigen Geländes, während die andere von einem Palast eingenommen wird. Der Bergfried ist typisch für die Adelssitze des 15. Jahrhunderts. Aus dieser Zeit stammen auch die aus regelmäßigen Quadern errichteten Teile der Burg, die sich deutlich von den Füllmauern der älteren Ruinen abheben. Bemerkenswert ist die mit Pechnasen versehene Brustwehr der Trennmauer.

An den Schilderhäuschen des Bergfrieds sind zwei Wappen zu erkennen: das von Ferdinand Álvarez von Toledo, dem 1462 verstorbenen vierten Herren von Oropesa, und das seiner zweiten Gemahlin Leonor von Zúñiga.

Der Parador von Oropesa, eine willkommene Überraschung auf der Straße am Tajo. Von dieser Festung aus leisteten die Comuneros im Aufstand der kastilischen Städte Widerstand gegen die Truppen Kaiser Karls V.

cisco Álvarez von Toledo, Herzog von Alba, Graf von Oropesa, fünfter Vizekönig von Peru und Gründer der Stadt Cochabamba, errichtete einen Flügel, der den ganzen Luxus jener Zeit bot. Von außen zeigt das Gebäude eine abweisende Fassade, die jedoch durch über hundert Balkone, Lukarnen, Fenster, Luken und Lichtscharten unterbrochen wird. Innen aber finden sich weite Säle, Böden aus glasierten Ziegeln, Innenhöfe, Nebengebäude und Gänge. Der Reisende bewundert die achteckig angeordneten Bossenquader, die als Peinador de la Reina, als Frisiertisch der Königin, bekannt sind und die Kassettendecken in den Sälen und im Speisezimmer. Die barocken Skulpturen sind Ausdruck einer verdrehten Spiritualität, wie sie Inquisition und Tridentinum hervorbrachten.

Der Reisende bezieht sein helles Zimmer mit der gewölbten Decke, vor dem sich von Weizenfeldern und Baumgruppen bedeckte Hügel bis zur Sierra de Gredos hinziehen. Er stillt seinen Hunger mit einer Kaninchenpastete, die mit Thymian gewürzt ist. Dazu trinkt er einen kräftigen Wein aus Rueda.

Um sich nach dem Essen ein wenig Bewegung zu verschaffen und seinen Wissensdurst zu stillen, geht der Reisende in den Hof. Unwillkürlich führen ihn seine Schritte zur alten Burg. Als er den Bergfried erreicht, wird ihm klar, welch tödliche Falle der Baumeister erdacht hatte: Vom Erdgeschoß aus war die Treppe für einen Gegner, der den Zugang erzwungen hatte, nicht zu erreichen, wollte er sich nicht den Schüssen der Armbrustschützen auf dem äußeren Wehrgang aussetzen. Selbst wenn der Wehrgang erobert war, mußte man, um zur Treppe nach oben zu gelangen, einen Holzboden passieren, der bei Gefahr entfernt werden konnte.

Am Nachmittag besucht der Reisende das winzige Dorf Lagarteras, dessen Stickerinnen meisterhaft die Herstellung graziler Wolkengebilde beherrschen.

Man nimmt an, daß Somerset Maugham, der den Spuren der heiligen Teresa von Ávila und des heiligen Johannes vom Kreuz folgte, sich hier aufhielt.

Der Parador Virrey de Toledo in einer Landschaft mit Olivenhainen.

CÁCERES

Dies ist das Haus der Golfines«, heißt es auf einer in die Mauer gemeißelten Tafel unter dem Familienwappen, das von einer Hand mit einem Dolch gekrönt wird. Um das Wappen ranken sich zahlreiche Legenden. Der Reisende fühlt sich ins 14. Jahrhundert zurückversetzt, als er den Parador betritt.

Der Parador von Cáceres ist ein Labyrinth, das aus dem Palast der Marquis von Torreorgaz und

Im Parador empfängt den Reisenden ein Konglomerat aus Mittelalter und Renaissance.

Nächtliche Ansicht des Paradors von Cáceres.

den Häusern mehrerer Angehöriger des niederen Adels, den Stammsitzen der Ovando, Mogollón, Pereo und Paredes, besteht. Einige Male stößt der Besucher auf nackte Mauern mit der Patina der Jahrhunderte, während andere in frisch getünchtem Weiß erstrahlen. Es ist schwer zu unterscheiden, wo ein Gebäude aufhört und das nächste anfängt, welche Teile aus dem Mittelalter und welche aus der Renaissance stammen. Die faszinierende Verquickung von Gebäuden und Baustilen veranlaßt ihn, dieses bezaubernde Labyrinth aus Gängen, Korridoren, Treppen und Höfen zu erkunden. Hier blickt er aus einem gotischen Fenster, dort geben bleigefaßte Scheiben die Sicht auf einen verborgenen Hof frei. Auf dem Absatz einer Treppe fesselt ihn der Anblick einer polychromen Skulptur. Schließlich kehrt er in den Aufenthaltsraum zurück

CÁCERES

Der Parador befindet sich in dem befestigten Palast von Torreorgaz, der um 1488 vom Komtur des Ordens der Jakobsritter in Alcuescar, Diego García de Ulloa, über älteren arabischen Gebäuden errichtet wurde. Von jenen ist heute kaum noch etwas erhalten ist. Die Bauepochen lassen sich am Mauerwerk ablesen: Im mittelalterlichen Teil finden sich Füllmauern, im Gegensatz zu den regelmäßigen Quadern der Renaissance und des 18. Jahrhunderts. Hier wurden dekorative Elemente der Gotik wiederverwendet.

Einst war dies der Palast der Marquis von Torreorgaz, heute bietet das bezaubernde Labyrinth aus Treppen und Gängen dem Reisenden gastlichen Komfort.

*Zu Fuß kann man heute in aller Ruhe durch die Straßen am Fuß der almohadischen Mauer bummeln
und sich danach bei einem kräftigen Gazpacho erholen.*

und läßt sich in einem Ledersessel nicder. Sitzend studiert er die Pflanzenmotive der Kassettendecke.

Er genießt den klösterlichen Frieden der wehrhaften Stadt, die immer an einer gefährlichen Grenze gelegen hat. Die mittelalterlichen Straßen, an denen sich Adelshäuser und Klöster, Kirchen und Türme in scheinbar endloser Folge abwechseln, machen Cáceres zu einem der wichtigsten Baudenkmäler Europas und einem faszinierenden Reiseziel. Cáceres ist von einer almohadischen Mauer umgeben, die einst die großen Eroberer

unserer Welt sah: Francisco de Orellana, der auf der Suche nach El Dorado, der Stadt mit den goldenen Dächern, im amerikanischen Urwald verschollen ist, und Francisco Pizarro, der mit einer Handvoll Abenteurer Peru eroberte und Lima gründete.

Etwas erschöpft von seinem Spaziergang, stärkt sich der Reisende mit einem Gazpacho, der hier merkwürdigerweise Cojondongo heißt, und genießt das Konfekt, das von den jungfräulichen Händen der Nonnen im Kloster San Pablo hergestellt wird.

TRUJILLO

Auf den Anblick, der sich ihm bietet, ist der Reisende bereits durch einen Vers vorbereitet:

Gleich welches Tor du wählst,
wenn du nach Trujillo kommst,
stets wirst du dich von Granitfelsen
umgeben finden.

Auf den schwarzen Granitblöcken, an denen einst die Legionen Roms und die Reitertruppen der Sarazenen vorüberzogen, wachsen heute Stein- und Korkeichen. Ihre Früchte sind genau wie die hier ebenfalls vorkommenden Trüffeln eine Delikatesse für die iberischen Schweine. Durch diese Gegend gelangt der Reisende nach Trujillo, in die Stadt der vielen Türme. Auf einem der schönsten Plätze der Welt besichtigt er die riesige Bronzestatue von Pizarro. Die nordamerikanische Dame, die das Werk finanzierte, eine gewisse Mrs. Carlos Rumsey, bestand darauf, den Eroberer als großen, gutaussehenden Mann darzustellen. Da es sich um eine Auftragsarbeit handelte, blieb dem Bildhauer keine Wahl, obwohl Pizarro in Wirklichkeit klein und häßlich war.

Trujillo liegt auf einem Granithügel, dem die Römer den Namen Fuchskopf gaben. Aus Granit sind auch die Burg, die Stadtmauern, Adelshäuser, Kirchen und Klöster.

TRUJILLO

Das Gebäude wurde 1533 als Kloster errichtet. Dabei folgte man der Tradition der islamischen Paläste, die ihrerseits auf das römische Haus mit zentralem Innenhof zurückgeht. Wie bei vielen Klöstern der christlichen Klausurorden läßt das unauffällige Äußere nicht auf die architektonische Schönheit des Inneren schließen. Um den Renaissance-Innenhof verlaufen rundbogige Arkaden zwischen Pfeilern, die eine Galerie aus flachbogigen Arkaden mit toskanischen Säulen stützen. Die Brüstung aus durchbrochenem Stein wirkt leicht.
Trujillo ist als Geburtsort berühmter Eroberer bekannt. Zu ihnen gehören Pizarro, der Eroberer von Peru, Orellana, der Erforscher des Amazonas, Francisco de las Casas, der bei der Eroberung von Mexiko auf der Seite von Cortés kämpfte, und Hernando de Alarcón, der Kalifornien erkundete.

Der Parador von Trujillo: Nichts läßt beim Anblick dieser ehemaligen Klosterpforte auf die bemerkenswerte architektonische Schönheit schließen, die sich dahinter verbirgt.

Dem Reisenden wird bewußt, daß er sich im Süden Spaniens befindet, wo sich die Schönheit der Gebäude vor allem auf die Innenräume konzentriert. Im Eingang des Paradors, des ehemaligen Klosters Santa Clara, besichtigt er das Drehfenster, durch das die vollkommen zurückgezogen lebenden Nonnen notdürftig mit der Außenwelt kommunizierten, ohne die Besucher sehen zu können oder selbst gesehen zu werden.

– Waren sie denn so häßlich?
– Nein, ganz im Gegenteil. Stellen Sie sich vor, die Gründerin, die heilige Beatriz de Silva Meneses, war eine Freundin von Isabella der Katholischen, der Königin von Spanien, und galt als die schönste Frau ihrer Zeit.

Im zentralen Innenhof des Paradors, des damaligen Klosters Santa Clara, erinnert man sich, während man bei einem Kaffee die Zeitung studiert, gerne an die Zeit, als hier die Novizinnen ihr Brevier lasen.

Der Reisende versucht, sich in Gedanken die Bilder vergangener Schönheiten zu vergegenwärtigen, und wird dabei von einer gewissen Melancholie erfaßt. Auf dem Weg durch das Gebäude malt er sich aus, welch galante Rendezvous sich unter den granitenen Gewölben, in den Gängen und auf den Treppen abgespielt haben mögen. Im Klosterhof, der von flachbogigen Arkaden umgeben ist, nimmt er wenig später im Schatten eines der Brunnen eine Erfrischung zu sich. Die Gedanken an Beatriz de Silva beschäftigen ihn noch eine ganze Weile.

Zum Essen läßt er sich an einem Tisch hinten im Speiseraum nieder. An der mit Fliesen bedeckten Wand findet sich ein phantastisches Element neben dem anderen. Man hat ihm ein Gericht mit Ochsenschwanz und Kalbfleisch empfohlen, »nach dem der König ganz verrückt war«. Dieses Argument veranlaßt den Reisenden, sich selbst von der Schmackhaftigkeit dieser Speise zu überzeugen. Seiner Meinung nach findet sich das Beste jeder Gegend in den einheimischen Spezialitäten. So genießt er das vormals königliche Mahl, das ihm in seiner ländlichen Einfachheit besonders köstlich erscheint.

Trujillo, die Wiege von Eroberern: Sie waren mutig und unternehmungslustig wie die kühnen Störche, die auf den Glockentürmen nisten.

GUADALUPE

Zwei Oasen gibt es in Spanien: Piedra in Aragón und Guadalupe in der Extremadura. Beides sind Klöster. Guadalupe ist von den Gebirgen Guadalupe, Altamira und Villuercas umgeben, aus denen kristallklare Bäche und Flüsse Wasser in das fruchtbare Tal bringen. Durch ein Mikroklima begünstigt, gedeihen hier Steineichen und Kastanien, Eichen und Erdbeerbäume, Oliven und Wein, Bergeichen und Zistrosen.

– Kein schlechter Ort, den sich die Jungfrau ausgesucht hat, um dem Hirten zu erscheinen.
– Das kann man wohl sagen.

Die Jungfrau von Guadalupe ist eine schwarze Madonna, wie sie im 13. Jahrhundert überall in Europa auftauchten, als der Kontinent langsam aus der Finsternis zu erwachen begann, in die er nach dem Ende des Römischen Reiches versunken war.

Eine weitere Seite von Guadalupe: ein Innenhof mit Zitronenbäumen, in dem das Wasser plätschert.

Der Parador, in dem der Reisende Halt macht, befindet sich gegenüber dem Kloster. Die riesige Anlage im gotischen Mudéjarstil ist teils Gotteshaus, teils Festung. Bemerkenswert ist der Kreuzgang mit dem Mudéjarpavillon im Zentrum. Heute gehört das Kloster den Franziskanern, ursprünglich waren hier jedoch die Hieronymiten zu Hause. Der Reisende besucht die Kirche, in der sich eine königliche Gruft befindet sowie die Bibliothek und die Museen. Die platereske Treppe, die vor ihm zahlreiche illustre Persönlichkeiten beschritten hatten, führt ihn schließlich zu den Gemälden von Zurbarán, Jordán und Carreño.

Guadalupe wurde aufgrund seiner engen Verbindung zu den Katholischen Königen das Taufbecken Amerikas genannt. Bevor Kolumbus zu seiner abenteuerlichen Fahrt über das Meer aufbrach, vertraute er sich hier der Jungfrau von Guadalupe an. Hier unterzeichneten die Könige die Briefe, in denen sie befahlen, Kolumbus die berühmten Karavellen zur Verfügung zu stellen. Im Brunnen des Kreuzgangs wurden die ersten amerikanischen Indianer, die nach Europa gelangten, auf die Namen Pedro und Juan getauft. Sie überlebten nicht lange, da ihr Immunsystem den Krankheiten der Europäer schutzlos ausgeliefert war.

Der Parador umfaßt das 1402 gegründete Hospital San Juan Bautista und die angrenzende Schule für Medizin, das sogenannte Colegio de Infantes, einen Ort, wo »Tugend und Wissenschaft in hervorragender Weise gelehrt« wurden. Der Reisende erhält ein Zimmer, dessen Fenster auf den großen Innenhof hinausgeht, in dem Zitronen-, Orangen- und Mandarinenbäume ordentliche Reihen bilden. Zwischen Zypressen und Weiden ergießt sich aus einem umgestürzten Tongefäß kristallklares Wasser in ein Becken. Der Anblick des idyllischen Ensembles und die friedvolle Atmosphäre machen den Reisenden glauben, er habe zumindest vorübergehend ein Paradies auf Erden gefunden.

GUADALUPE

Der Parador umfaßt zwei Gebäude: das Hospital San Juan Bautista, auch Hospital de Hombres (Männerkrankenhaus) genannt, das Mitte des 14. Jahrhunderts vom Prior des Klosters, Toribio Fernández de Mena, erbaut wurde. Bereits unter dem Priorat des Hieronymiten Fernando Yánez de Figueroa fand ein Umbau statt. Im 16. Jahrhundert erfolgte dann eine Renovierung.

Das Colegio de Infantes oder de Gramática wurde zwischen 1509 und 1512 von Prior Juan de Azpeitia als Knabenschule errichtet. Dem Parador gegenüber liegt das berühmte Kloster, dessen Kirche aus dem frühen 14. Jahrhundert 1336 umgebaut und zwischen 1341 und 1367 auf Befehl Alfons' XI. erweitert wurde. Der Monarch war ein glühender Verehrer der Schwarzen Jungfrau, einem Bildnis, dem das Heiligtum geweiht ist. Der Legende zufolge soll der Hirte Gil Cordero in der Nähe des Flusses Guadalupe die Statue gefunden haben, über sechshundert Jahre, nachdem Christen aus Sevilla sie dort auf der Flucht vor den Mauren versteckt hatten.

Eine etwas anderer Blick durch die Fenster: das Gitterwerk lenkt die Konzentration auf das Wesentliche.

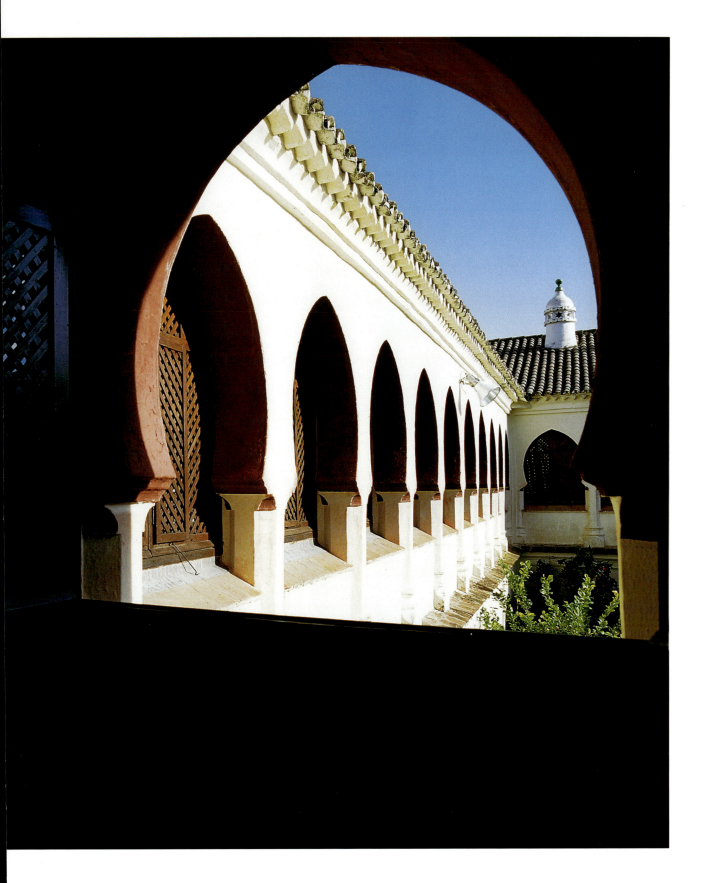

Das Kloster von Zurbarán in Guadalupe, Cáceres. Die prächtige gotische Hauptfassade aus dem 15. Jahrhundert zeigt, welche Bedeutung dem Kloster als Zentrum von Kultur und Wissenschaft bis ins 17. Jahrhundert hinein zukam.

MÉRIDA

Im weißgetünchten Innenhof des Paradors von Mérida hat sich der Reisende auf einem alten, gußeisernen Stuhl niedergelassen und genießt die Morgensonne. Als er die Augen von seinem Buch hebt, fällt sein Blick auf den weißen Glockenturm auf der anderen Seite des Patio. Die Glocken fehlen und durch die leeren Bögen schimmern zwei genau gleich große Ausschnitte eines Himmels von reinstem Blau. Darüber haben Störche ihr gewaltiges Nest errichtet. Eine Zeitlang studiert der Reisende, wie die Mutter Nahrung für den hungrigen Nachwuchs heranschafft. In dem Buch, das aufgeschlagen in seinem Schoß liegt, nennt ein arabischer Schriftsteller aus dem 13. Jahrhundert Mérida »die Stadt, die uns fesselt wie vor uns die Römer«. Der Patio selbst bietet ein hervorragendes Beispiel für die enge Verflechtung der verschiedenen Kulturen in Mérida: In den Mudéjarpfeilern haben die christlichen Maurer nebeneinander römische und westgotische Steine eingebaut.

Der Reisende kann sich dem Zauber von Mérida, dem berühmten Emerita Augusta, das die römischen Kaiser so liebten, nicht entziehen. Am Morgen hat er die römische Brücke mit ihren sechzig Granitbögen über den Guadiana überquert. Sie stammt aus dem ersten Jahrhundert nach Christus und liegt im Schatten einer maurischen Festung. Danach wohnt der Reisende im römischen Theater, einem der schönsten Europas, einer Probe zu Medea bei. Im benachbarten Amphitheater hängt er angesichts des traurigen Anblicks der zerfallenen Sitzreihen melancholischen Gedanken über die Flüchtigkeit des Lebens nach und nimmt schließlich in einem Lokal an der Plaza Mayor ein für die Region typisches Lammgericht, Caldereta Extremeña, zu sich. Im Andenken an den großen römischen Dichter Vergil wählt er als Dessert Quark in Honig. »*Et durae quercus saludabunt roscida mella*«, heißt es schließlich in dessen *Bucolica*, »und die harten Steineichen schwitzten Honigtau«.

Der Parador, den der Besucher ausgesucht hat, ist ein ehemaliges Franziskanerkloster aus dem 18. Jahrhundert. Unter den Fundamenten der Kirche, unter Refektorium, Nebengebäuden und Zellen, ja sogar unter den Blumenbeeten des Innenhofes liegen die Reste des Foro Romano und des Tempels der Concordia. Später stand hier eine Moschee, danach eine christliche Kirche. Als die Mönche das Kloster aufgaben, wurde es zeitweise Krankenhaus, Irrenanstalt und Gefängnis.

In diesem Salon findet der Reisende die wohlverdiente Ruhe, nachdem er Mérida auf den Spuren der Römer durchstreift hat.

MÉRIDA

Der Parador befindet sich im ehemaligen Barockkloster San Francisco. In dem von Juan de Herrera gestalteten Innenhof zeugen Steine und Kapitelle aus römischer und westgotischer Zeit von der kontinuierlichen Bebauung des Ortes. Einst befanden sich hier an der Vía de la Plata ein Prätorium und ein Concordiatempel. Diese von Mérida nach Astorga führende Römerstraße gehört zu den ältesten Straßen Europas. Ihren Namen hat sie nicht von dem spanischen Wort für Silber, sondern von den Platten, mit denen sie gepflastert ist, den *balatha*.

Die luftigen Reste antiker Aquädukte zeigen, wie damals die Stadt mit Wasser versorgt wurde. Einer der bekanntesten ist der sogenannte Acueducto de los Milagros, der um das 3. Jahrhundert unserer Zeitrechnung errichtet wurde.

Prächtiges Mérida. Emerita Augusta, die von den römischen Kaisern so hoch geschätzte Stadt. Das Wort Ruinen scheint angesichts der Großartigkeit des antiken Baus unangebracht.

Vorhergehende Seiten:
Innenhof im Parador Vía de la Plata in Mérida, Badajoz.

ZAFRA

An einem sonnigen Tag fährt der Reisende eine gut ausgebaute Straße zwischen eichenbestandenen Hügeln entlang. Hier und da erheben sich Granitfelsen, die eine oder andere Kiefer taucht auf. Immer wieder öffnen sich vor ihm lichte, von Bächen durchströmte Wiesen. Schon die Römer sprachen vom »alten Zafra«, »einem Land mit mächtigen Waffen und fruchtbarem Boden«.

Auf seinem Weg nach Süden folgt der Reisende der alten Vía de la Plata. Über diese vielleicht älteste Straße Europas gelangte in prähistorischer Zeit galicisches und englisches Zinn zu den Häfen von Huelva, von denen aus phönizische und phokäische Seeleute die Märkte von Mesopotamien und Ägypten versorgten.

Dem Glanz des Römischen Reiches folgte die lange Finsternis des Mittelalters, bevor Zafra zum Zankapfel zwischen Christen und Mauren wurde. Im 15. Jahrhundert erlebte die Stadt unter den Figueroa eine neue Blütezeit. Lorenzo Suárez de Figueroa ließ die Stadtmauer und die mächtige Festung errichten, wo sich heute der Parador befindet, in dem unser Reisender absteigt.

Auf der Plaza trifft der Reisende den Heimatforscher Don Ciriaco Restrepo, der ihn über weitere Details des Paradors aufklärt.

– Von außen ist der Parador Festung, innen aber wirkt er wie ein Palast. Wie Sie sehen, handelt es sich um eine rechteckige Burg mit einem mächtigen Bergfried in der Mitte. Die vier Ecken sind durch fünfundzwanzig Meter hohe Wachtürme befestigt. Dazu kommen noch die beiden etwas zierlicheren Türme neben dem Tor.

Als sie den Tordurchgang passiert haben, entdeckt der Reisende das Wappen der Figueroa, der Herzöge von Feria und Zafra, die zu den spanischen Granden, dem höchsten spanischen Adelsstand, zählen.

– Die Granden genießen das Privileg, daß sie vor dem König nicht das Haupt entblößen müssen,

erläutert Don Ciriaco. Daher haben sie stets einen Hut zur Hand, falls sie in den Palast gerufen werden.

Dann zeigt er dem Reisenden den Innenhof.

– Ist das nicht schön? Zweistöckige Arkaden mit drei Bögen im reinsten Renaissancestil. Ihre perfekt

Auf der altenRömerstraße, Vía de la Plata, gelangt man zum Parador Hernán Cortés in Zafra, Badajoz. Hier vereinen sich römische Pracht und finsteres Mittelalter mit arabischen und christlichen Elementen zu einer faszinierenden Mischung. Der Patio des ehemaligen Barockklosters gehört zu den charakteristischsten Werken des Architekten Juan de Herrera.

Von außen Festung, gibt sich der Parador im Inneren als Palast.

ZAFRA

Das befestigte Schloß wurde 1437 von Lorenzo Suárez de Figueroa dem Prächtigen errichtet, der die Titel Herzog von Feria und Zafra und Grande von Spanien trug. Er nutzte die Ruinen einer alten maurischen Festung, die Ferdinand III. der Heilige von den Arabern erobert hatte. Der Innenhof wird von den drei Arkadenbögen an der Stirnseite beherrscht und trägt unverkennbar die Handschrift Juan de Herreras. Unter seiner ersten Herrin, Doña María Manuela, wurde das Gebäude mit portugiesischem Marmor und Jaspis verschönert. Bemerkenswert ist die gotische Kapelle mit der gemeißelten und bemalten achteckigen Kuppel.

gelungenen Proportionen verdanken sie der Numerologie Juan de Herreras, der für Philipp II. den Escorial erbaute und, wie Sie wissen, Kabbalist und Magier war. Niemand würde hinter dieser rauhen Hülle eine solche Schönheit vermuten.

Don Ciriaco zeigt dem Reisenden die vielschichtigen Schönheiten des früheren Palasts der Figueroa: die Kassettendecke der Alcoba Dorada, die Gewölbe des Bergfrieds, von dessen Dachterrasse aus man über Zafra blickt; die Böden aus portugiesischem Marmor, die die Herzogin María Manuela mitbrachte; die Treppe, die Hernán Cortés herunterstieg, bevor er zur Eroberung Mexikos aufbrach; den arabisch beeinflußten Barock der Kapelle; die mittelalterlichen Möbel und Instrumente, die die prächtigen Räume schmücken ...

Der Reisende verabschiedet sich von seinem freundlichen Führer und gönnt sich ein erfrischendes Bad, bevor er sich der Erkundung der Gegend zuwendet.

Nach einer Fahrt von einigen Kilometern durch eine friedliche Landschaft mit niedrigen, von Steineichen bestandenen Hügeln gelangt der Reisende nach Feria. Hier besteigt er den Bergfried der Burg, um festzustellen, ob man von dort aus an klaren Tagen wirklich 22 Dörfer sieht. In einem Lokal an der Plaza probiert er wilden Spargel und ein köstliches Lammragout. Ein anschließender Spaziergang führt ihn durch das Dorf, in dem die Schönheit der traditionellen Bauweise bewahrt wurde. Am Nachmittag besucht er den nahegelegenen Ort Salvatierra de los Barros, der eine lange Tradition in der Herstellung kunstvoller Töpferwaren besitzt. Während er beobachtet, wie unter den Händen des Töpfers ein Gefäß entsteht, denkt er darüber nach, was es wohl sein mag, das uns an Ton, Meer und Feuer immer wieder fesselt.

Am nächsten Tag begibt sich unser Pilger nach Jerez de los Caballeros. Dem Rat von Don Ciriaco folgend, besucht er in Jerez die Burg. Der Hauptturm wird auch sangirenta (der blutige) genannt, weil hier die Templer, die den Ort verteidigten, niedergemetzelt wurden. Am Nachmittag spaziert er durch die von wappengeschmückten Adelshäusern gesäumten Straßen von Fregenal de Sierra. Auch dieser Ort war eine Enklave der Templer, und auf dem Schlußstein des Torbogens ist heute noch der Baphomet zu erkennen, das geheimnisvolle Symbol der Templer.

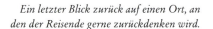

Ein letzter Blick zurück auf einen Ort, an den der Reisende gerne zurückdenken wird.

CARMONA

Dieser Ort erlebte Liebe und Lust König Peters I., durch seine Tore ritten die prächtigen Kavalkaden und eskortierten Maria von Padilla.« Der Reisende schließt das Buch und senkt die Lider. Im Innenhof, der im Mudéjarstil erbaut und von zierlichen Marmorsäulen eingefaßt ist, plätschert der Springbrunnen. Durch den Schleier der Wimpern gefiltert, verleiht das goldene Licht der Mittagssonne dem Raum einen Hauch von Unwirklichkeit. Der Reisende streckt sich auf der Liege aus und läßt seiner Phantasie freien Lauf. Bilder steigen vor ihm auf aus der Zeit, in der Peter I. – den die einen den Grausamen nannten, während er anderen als der Gerechte galt – an diesem Alcázar baute. Vor sich sieht er einen korpulenten Mann, dessen Anziehungskraft auch die Andeutung eines Buckels nicht zerstören kann. Seine Augen zeigen den fiebrigen Blick eines Verliebten oder eines Wahnsinnigen. Die Kindheit dieses Sohnes von Alfons XI. von Kastilien war geprägt von dem Haß, den seine Mutter, die Königin, für die Konkubine seines Vaters und deren Kinder, seine Stiefbrüder Heinrich, Fadrique und Tello, empfand. Nach seiner Thronbesteigung verfolgte Peter I. unbarmherzig die Mätresse des verstorbenen Königs und ihre Bastarde. Ein boshaftes Schicksal wollte es, daß er sein Herz genauso wenig zu bezähmen wußte wie sein Vater.

Peter I. war aus Gründen der Staatsräson mit einer französischen Prinzessin verheiratet worden, mit Blanche von Bourbon, die er nicht liebte. Nach der Hochzeitsnacht verließ er sie, um zu seiner angebeteten Mätresse zurückzukehren. Maria von Padilla war eine dunkle, zierliche Frau von sanftem Wesen, die ihm drei Monate zuvor eine Tochter geboren hatte.

Der unglückselige König kämpfte lange gegen den aufständischen Adel, der den Thronanspruch seines unehelichen Bruders Heinrich von Trastámara unterstützte. »Mit einem einzigen Brot«, so klagte er, »könnte ich alle ernähren, die treu zu mir stehen.«

CARMONA

Der Parador befindet sich auf der Hügelkuppe im Inneren des Alcázar de la Puerta de Marchena (Palast am Tor von Marchena), der zu den drei Festungen von Carmona zählt. Die ältesten Teile der Anlage stammen aus der Zeit der Almoraviden und Almohaden (12. und 13. Jahrhundert). Möglicherweise kam es unter Peter dem Grausamen im 14. Jahrhundert zu umfangreichen Umbauten. Im 15. Jahrhundert wurden die Befestigungsanlagen im Nordosten um eine Kasematte, el Cubete, ergänzt, die mit Schießscharten ausgestattet ist und von einer Kuppel bekrönt wird. In den Adelskriegen zwischen dem Herzog von Medina Sidonia und dem Marquis von Cádiz spielte die Festung bei der Belagerung von 1472 eine wichtige Rolle.

Das Rot, das diese Räume beherrscht, ist nicht mehr das der Fackeln und Lagerfeuer früherer Zeiten, sondern der angemessene Hintergrund für eine bemerkenswerte Sammlung von Wandteppichen.

Als er in seine letzte Schlacht zog, scheint er seinen Tod vorausgeahnt zu haben. Er ließ seine Kinder und Reichtümer im Alcázar von Carmona zurück.

Im Halbschlaf glaubt der Reisende den König vor sich zu sehen, wie er den überdachten Hof überquert. Über der vollen Rüstung trägt er ein Hemd im Schachbrettmuster, auf dem das etwas verblichene Wappen von Kastilien prangt – goldene Türme auf rotem Grund. Ein Page folgt ihm, den königlichen Helm in der Hand, der von der gezackten Schlange gekrönt wird. Bald schon wird sich Peter, der sich hinter den verfallenen Mauern seiner Burg verschanzt hat, insgeheim in Montiel mit seinem Stiefbruder und Feind treffen. Während

draußen die Feuer brennen, will er beim dumpfen Dröhnen der Trommeln über den Frieden verhandeln. Die Pagen des Bastards führen ihn zu Heinrichs Zelt. Schnell kommt man zum Kern des Problems, nur um festzustellen, daß der Belagerer weit mehr verlangt, als der Eingeschlossene zu geben bereit ist. Das Gespräch wird immer hitziger, bis die Brüder schließlich zum Dolch greifen. Im flackernden Licht der Kerzen hat Peter seinen Bruder schon fast besiegt, als der französische Söldner Beltrán Duguesclin eingreift. Er hält den König fest, und Heinrich sticht zu. »Ich bestimme nicht, wer König wird und wer nicht, sondern diene nur meinem Herrn«, so seine Entschuldigung.

Vor den Füßen des Reisenden sammelt sich ein Pfütze voll Blut. Entsetzt zuckt er zusammen und erwacht. Als er sich umblickt, findet er sich zu seiner Beruhigung im 20. Jahrhundert und in den von Marmor, Ziegeln und Fliesen geprägten Räumen des Paradors von Carmona wieder. Die tödlichen Waffen ruhen heute in ihren Glasvitrinen, doch immer noch erinnern Kronen, Standarten und andere Gegenstände aus jener Zeit in Sälen und Korridoren an König Peter. Der Alcázar von Carmona liegt auf einem Hügel, der sich über dem flachen Land um den Fluß Carbones erhebt. Viele

Kilometer weit reicht die Sicht, bis zum Horizont, der in der blauen Ferne verschwimmt. Südlich der Pyrenäen gibt es keine reichere Gegend als diese hier. Tartessier, Turdetaner, Phönizier, Karthager, Römer, Araber und Christen haben sich hier niedergelassen, was oft nicht ohne Auseinandersetzung abging. »Villa por Villa, Carmona en Andalucía«, heißt es im Sprichwort, was etwa bedeutet, daß sich hier eine Stadt an die andere reiht. Man sagt auch: Wer Carmona besaß, wurde reich, wer hier lebte, dem fehlte es an nichts.

Zum Mittagessen hat der Reisende wilden Spargel und Kaninchen mit Pilzen gewählt: Wildkaninchenfleisch ist dafür bekannt, daß es für süße Träume sorgt. Allerdings soll es besonders bei Junggesellen und heißblütigen Witwen gelegentlich auch Alpträume auslösen. Die Ruhe einer Siesta findet der Reisende unter dem Murmeln des Brunnens im Mudéjar-Patio. Daraufhin durchstreift er die gewundenen Straßen und Gassen der Stadt und bewundert in der Stille des Nachmittags die barocken Paläste. Hierbei fallen ihm besonders der Palacio de Aguilar und der Palacio de los Rueda auf. Hohe Fenster mit Spitzengardinen geben den Blick auf die breiten, sauberen Straßen frei. Auch die Plaza de San Fernando mit ihren Bauten aus dem

Der Paradors Alcázar del Rey Don Pedro in Carmona, Sevilla, aus verschiedenen Perspektiven.

16. Jahrhundert, ihren Barockpalästen und den Adelshäusern aus dem 19. Jahrhundert erregt sein Interesse. Fliesen, Marmorsäulen und Arkaden vereinen sich hier zu einem harmonischen Ensemble. Besonders zu erwähnen ist das Haus im Mudéjarstil an der Westseite des Platzes, das mit Fliesen aus Cuenca verziert ist. Danach besucht er das Kloster Santa Clara und besichtigt die Gemälde von Valdés Leal. Der Hauptaltar der barocken Salvatorkirche besitzt ein interessantes Altarbild, in San Pedro fallen besonders die gotischen Taufbecken aus glasierter Keramik auf. Im Innenhof von Santa María, einst Teil einer Moschee, entdeckt der Reisende auf einem Säulenschaft einen westgotischen Kalender.

Unter den 800 Gräbern der römisch-punischen Nekropole spürt er das rätselhafte Elefantengrab auf, das drei Speisezimmer, eine Küche und das Grab der reichen Servilia birgt und es an Größe mit jedem Patrizierhaus aufnehmen kann. Er versäumt nicht, die drei Burgen zu besichtigen: den unteren Alcázar der Puerta de Sevilla, die größte karthagische Festung in Okzident und Orient, und die beiden oberen Festungen.

Als König Peter sich einst als Prinz in Carmona verliebte, fand er eine primitive Festung aus westgotischer und römischer Zeit vor, eine heruntergekommene Ansammlung von Wohnräumen, Ställen, Kasernen und Werkstätten. Er ließ die Innenhöfe freilegen, neue Mauern errichten und Balkone anlegen, die den Blick über Weizenfelder, Olivenhaine, Obstgärten, Wälder und Straßen freigaben. Aus Granada holte er die maurischen Baumeister, die die gewaltige Fassade des Alcázar von Sevilla gestaltet hatten. Glasierte Fliesen, Marmorbrunnen, die Deckenmosaike, die die sieben Klimazonen der Erde, Sterne und Planeten darstellen – all dies geht auf den König zurück. Im Laufe der Jahrhunderte ist vieles verfallen, wozu auch die Erdbeben ihren Teil beigetragen haben, bei denen einige der Türme in den Abgrund stürzten. Doch der Wiederaufbau hat dem Gebäude die Eleganz zurückgegeben, die es in den Tagen Peters des Grausamen besaß.

Dank der Restaurierung kann man auch heute noch die gotische und nasridische Eleganz genießen, die die Burg in den Tagen der Herrschaft Peters des Grausamen besaß.

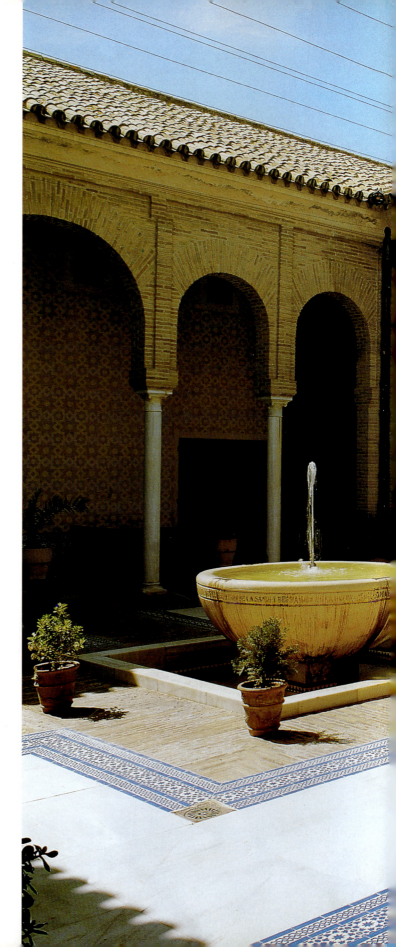

GRANADA

Vom Balkon seines Zimmers blickt der Reisende auf den Generalife, die Gärten des Sommerpalastes der Herrscher von Granada. Wäre er auf der gegenüberliegenden Seite des Gebäudes untergekommen, hätte er auf den Albaicín gesehen, das alte maurische Viertel mit seinen roten Dächern, weißen Mauern und geheimen Innenhöfen, deren Existenz nur die Wipfel der Zypressen erahnen lassen. In der Ferne glänzt der ewige Schnee der Sierra Nevada in der Sonne und der Berg Mulhacén erhebt sich deutlich vor dem blauen Himmel.

Der Reisenden ist von dem Franziskanerkloster der Alhambra, seinem Quartier, restlos begeistert. Dieses Gebäude wurde im 15. Jahrhundert von Isabella der Katholischen aufgrund eines Gelübdes errichtet.

Diese hatte keineswegs geschworen, ihr Hemd nicht zu wechseln, ehe Granada nicht erobert sei. Vielmehr gelobte sie, neben dem maurischen Palast

Der Parador befindet sich in einem von den Katholischen Königen gegründeten Franziskanerkloster.
Wie von Königin Isabella gelobt, wurde das Kloster mit seiner Kirche direkt neben den maurischen Palästen erbaut.

Die Handschrift der maurischen Baumeister ist trotz der Umgestaltung durch die Christen auch heute noch unverkennbar.

das Kloster mit seiner Kirche zu erbauen. In den Decken und Fliesen sowie der Geometrie von Innenhof und Balkonen findet sich die Handschrift der Mauren; Gemälde, Skulpturen und Wandteppiche lassen die Umgestaltung durch die Christen erkennen, die über den Wohngebäuden der nasridischen Aristokratie ihr Gotteshaus errichteten.

Das Kloster von San Francisco erhebt sich über einer Moschee und einem maurischen Palast mit Garten und Bädern, errichtet 1332 bis 1364 unter König Yussuf I. In der Klosterkirche befanden sich zeitweise die sterblichen Überreste der Katholischen Könige, bis das endgültige Mausoleum in der Kathedrale fertiggestellt war.

Granada ist die Stadt der Romantik schlechthin, hier findet sich im Okzident der ganze Zauber des Orients. Wie jeder Mohammedaner einmal in seinem Leben nach Mekka zu pilgern hat, so sollte jeder Spanienreisende zumindest einmal die Alhambra besuchen.

Zur Alhambra, Laroja, wie sie nach der roten Farbe ihrer Mauern genannt wird, gehören eine Burg und fünf Paläste. Die vier maurischen Paläste wurden vom 13. bis zum 15. Jahrhundert unter den Nasridenkönigen erbaut, der letzten arabischen Dynastie in Spanien. Bei dem christlichen Palast handelt es sich um ein solides Bauwerk im Stil der italienischen Renaissance, das Karl V., der Enkel der Katholischen Könige, einfügen ließ.

Den ganzen Vormittag verbringt der Reisende mit der Erkundung des Labyrinths aus Sälen, Höfen und Wohnräumen. Besonders lange hält er sich im beeindruckenden Thronsaal, der Sala de Embajadores, auf, dessen Kuppel aus Zedernholz das Firmament darstellt. In einer der mächtigen Mauernischen richteten die Könige von Granada ihren Thron ein. Das Licht des dahinter befindlichen Balkons sollte Botschafter und Höflinge blenden, die so das Antlitz des Herrschers nicht erkennen konnten.

Der Parador von Granada: Türen führen in das geheimnisvolle Innere.

Von der oberen Aussichtsterrasse blickt der Reisende auf die Stadt hinunter, in der sich die letzten islamischen Herrscher in den Tagen des Niedergangs in selbstmörderische Bruderkämpfe verwickelt hatten, während die christlichen Truppen bereits vor den Toren der Stadt standen.

Im Patio de los Leones bewundert er die Meisterschaft der arabischen Künstler, die hier geometrisch schematisiert das irdische Paradies dargestellt haben. In der Sala de los Abencerrajes betrachtet er einen verblichenen Blutfleck (oder sollte doch nur der Marmor oxydiert sein?). Der Legende nach stammt er vom Massaker an der Dynastie der Abencerrajes. Während die Christen schon Brücken über die Bewässerungsgräben der Umgebung schlugen, um ihren schweren Geschützen den Weg zu ebnen, spannen die parfümierten Höflinge ihre Intrigen zu Gunsten von Boabdil, seinem Vater, dem entmachteten König, oder seinem Onkel.

GRANADA

Der Parador ist in einem Franziskanerkloster untergebracht, das 1492 von den Katholischen Königen nach der Eroberung der Stadt errichtet wurde. Zuvor befanden sich hier eine Moschee und ein Palast, die von 1332 bis 1364 von dem Nasridenkönig Yussuf I. errichtet worden waren. Von den Gärten und Aussichtsterrassen blickt man auf die Türme der Alhambra, die Brunnen des Generalife, die roten Dächer des Albaicín und die schneebedeckten Gipfel der Sierra Nevada.

Ansichten vom Patio de los Leones und
Panoramablick auf die Alhambra.

In der melancholischen Stimmung des Nachmittags glaubt der Reisende in den nach Myrte und Jasmin duftenden Höfen die Alhambra mit den Augen Boabdils zu sehen, der die Stadt den Christen übergab. Washington Irving hat den Abschied des Königs vor seiner Reise ins Exil in der »Chronicle of the Conquest of Granada« beeindruckend geschildert: Als Boabdils Blick über Türme, Paläste und Bäume streifte, begann er zu weinen. Darauf sprach seine Mutter, Königin Aischa, die grausamen Worte: »Weine wie eine Frau um das, was du nicht wie ein Mann zu verteidigen gewußt hast.«

Als die Sonne über den roten Mauern der Alhambra untergeht, kommen dem Reisenden die Worte des unglückseligen Helden Boabdil in den Sinn: »Kann es eine Heimat geben für einen Mann, der Granada verloren hat?«

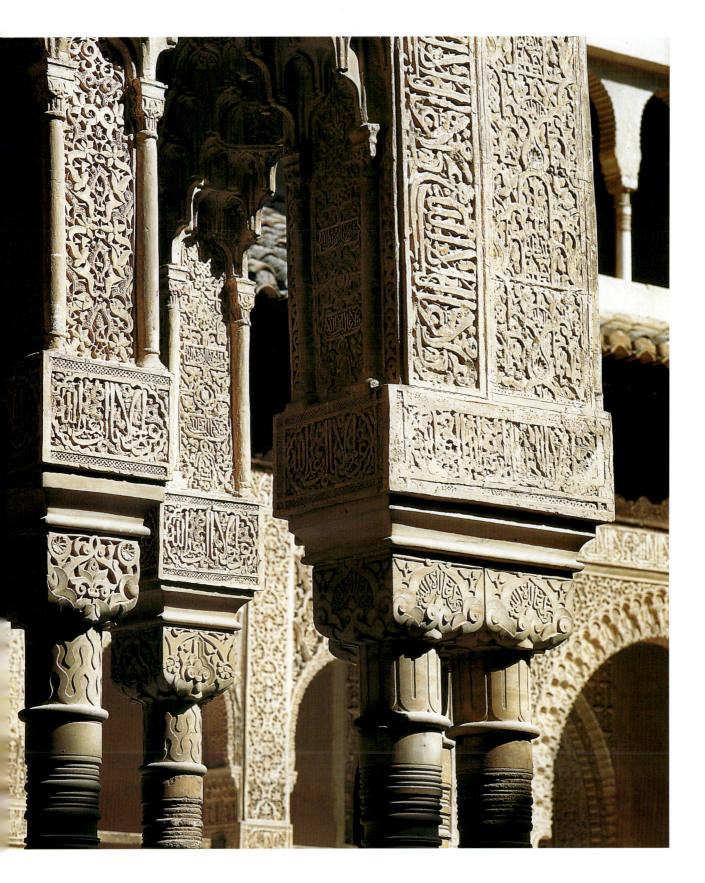

JAÉN

Wie eine Eidechse, die ihre Glieder in der Sonne streckt, liegt die Burg von Jaén auf der felsigen Kuppe des Berges Santa Catalina. Aus dieser eindrucksvollen Höhe reicht der Blick bei klarer Luft weit über das Land. Auf der einen Seite erhebt sich das Massiv des Jabalcuz, auf der anderen erstrecken sich wellenförmige Hügel bis zur fernen Sierra Mágina, jenseits des Tales des Guadalquivir. Dieses Land der weißen Dörfer und grünen Berge hieß aufgrund seiner Grenzlage lange Zeit

Guarday Defendimiento de los Reinos de Castilla (Wächter und Verteidiger der Königreiche von Kastilien). Die am Straßenrand vorüberziehenden Olivenhaine rufen Erinnerungen an die großen Schlachten wach: Mehrmals entschied sich hier auf wenigen Quadratkilometern das Schicksal der Halbinsel, so in Baécula, Navas de Tolosa und Bailén.

Wenige europäische Burgen besitzen eine solch kriegerische Geschichte wie die von Jaén. Die Kalifenfestung aus dem 9. Jahrhundert erlangte

Der Parador Castillo de Santa Catalina in Jaén. Der Zugang zum Gipfel ist heute wesentlich einfacher
als in den Zeiten der Reconquista, als die Burg unter Alfons X. umgestaltet wurde.

große Bedeutung in den Bruderkriegen zwischen den Taifas, den Teilreichen, die sich gegenseitig das Erbe des untergegangenen Kalifats streitig machten. Um 1130 wurde die Burg von den Almoraviden erweitert, einem Stamm aus der Sahara, der Nordafrika und das islamische Spanien unterworfen hatte. Nachdem Ferdinand III. der Heilige die Stadt erobert hatte, ließ sein Sohn Alfons X. der Weise die langgestreckte Anlage, die sich durch ihre dicht nebeneinander stehenden identischen Türme auszeichnet, umbauen.

Durch eine Unterteilung der Festung erhielt er eine zweite, im Notfall leichter zu haltende Verteidigungslinie. Hier ließ er die Mauern erhöhen, um den sogenannten Alcázar Nuevo von der almoravidischen Festung abzutrennen, die von nun an Alcázar Viejo hieß. Die Grenze zwischen beiden wurde durch eine mächtige Mauer und einen gewaltigen Bergfried gesichert.

Als die Katholischen Könige 1492 Granada eroberten, verlor Jaén seine militärische Bedeutung.

JAÉN

Der Parador erhebt sich auf den Ruinen einer arabischen Festung.
Die Burg Santa Catalina wurde Mitte des 13. Jahrhunderts vom kastilischen König Alfons X. dem Weisen über einer Kalifenfestung errichtet, die zuvor unter den Almoraviden umgestaltet worden war. Der Bergfried der christlichen Festung gehört zu den bemerkenswertesten Bauwerken seiner Art in Andalusien. Während der Grenzkriege zwischen Mauren und Christen und zur Zeit der kastilischen Bürgerkriege in der Zeit Heinrichs IV. war das Schicksal der Burg sehr wechselhaft. Im Unabhängigkeitskrieg befand sich hier ein Zuchthaus der napoleonischen Truppen.

*Ein Ort der Ruhe, der nichts von den Schlachten der Vergangenheit
wie der von Bailén oder von Navas de Tolosa erahnen läßt.*

Dennoch bestand hier bis weit ins 18. Jahrhundert hinein eine Garnison, die Dekan Mazas folgendermaßen beschrieb: »Die genannte Kompanie bringt nicht viel zustande, außer daß sie einen Mann bezahlt, der die Burg bewacht und nachts die Wachglocke läutet.« Im 19. Jahrhundert erlebte Jaén unter den napoleonischen Truppen erneut eine kurze Blüte. Gefängnis und Garnison wurden eingerichtet, Schießscharten geöffnet und Kanonen aufgestellt. Danach folgte eine lange Epoche des Niedergangs, bis zur Restaurierung im Jahre 1956. 1965 wurde die Burg zum Parador umgebaut.

Als er in jener Nacht vor dem gewaltigen Kamin in der Halle sitzt, erzählt man dem Reisenden die Legende des Geistes, der hier wandeln soll. Wenn im Herbst der morgendliche Nebel über dem Land hängt, wenn im Dezember die Lieder der Olivenpflücker herüberdringen, aber auch im goldenen Licht der Frühlingsabende und in lauen Sommernächten erscheint auf den Zinnen der Burg der bleiche Geist von Doña Teresa de Torres, der Witwe des Konnetabels von Kastilien, Miguel Lucas de Iranzo. Da sie um die Sicherheit ihres Gatten fürchtet, blickt sie besorgt zur aufrührerischen Stadt hinüber. Die Dame ist blond und so hellhäutig, daß sie fast durchsichtig wirkt, und trägt stets blauen oder violetten Samt. Manchmal ist sie nicht zu sehen, doch der Wind bringt den Klang der Leier mit sich, auf der sie ein altes Lied spielt.

Drei Maurenmädchen raubten mir mein Herz
in Jaén:
Aischa, Fatima und Marién.
Drei schöne Maurenmädchen
wollten Oliven pflücken,
doch sie waren schon gepflückt
in Jaén:
Aischa, Fatima und Marién.

Der Parador Santa Catalina in Jaén in voller
Pracht. Die Anlage wurde von König Alfons X.
Mitte des 13. Jahrhunderts erbaut. Ihr Name geht
auf eine Kapelle zurück, die im selben Jahrhundert
an Stelle eines der Türme errichtet wurde.

In den Salons des Paradors von Jaén erinnern Teppiche und Rüstungen an die Vergangenheit.

Die Kathedrale von Jaén, einer der Prachtbauten der andalusischen Renaissance, vom Parador aus gesehen. Die Kirche stammt aus dem 16. Jahrhundert. Nach der Rückeroberung der Stadt durch Ferdinand III. den Heiligen im Jahre 1245 diente zunächst die arabische Moschee den Christen als Gotteshaus, bis man Ende des 15. Jahrhunderts mit dem Bau einer neuen Kirche auf den arabischen Ruinen begann.

ÚBEDA

Nach Meinung des Tuchhändlers und Lokalpatrioten Don Gualberto Fernández gibt es auf der Welt sieben Plätze, die den Namen »Platz« auch tatsächlich verdienen, und zwar in Jerusalem, Venedig, Florenz, Marrakesch, Kastilien und Extremadura. Der siebte sei die Plaza von Úbeda. Alles andere seien nur unbebaute Flächen.

Der Reisende hätte die Liste gern um ein oder zwei Namen erweitert, doch stimmt er dem Heimatforscher in seiner Begeisterung für Úbeda zu. Kennengelernt hat der Reisende ihn auf der Plaza Vázquez Molina. Die L-förmige Gestalt des Platzes wird leider durch Baumreihen und Grünanlagen, die uneinheitliche Pflasterung und andere städtebauliche Fehlgriffe beeinträchtigt. Am kürzeren Ende des Buchstabens befindet sich die Sacra Capilla del Salvador (Salvatorkapelle), ein mächtiges Bauwerk, dessen Fassade jedoch durch die schönen Skulpturen einen harmonischen und erstaunlich leichten Eindruck hinterläßt. Dann folgen der Palacio des Dekans Ortega, der heutige Parador, und der Palacio de las Cadenas oder de Vázquez de Molina, in dem sich das Rathaus befindet. Gegenüber liegt der alte Kornspeicher sowie, am anderen Ende, eine weitere Renaissancekirche: Santa María de los Reales Alcázares, die in ihrem Inneren zahlreiche mittelalterliche Schätze birgt. Erwähnenswert sind der Kreuzgang und das weitläufige, fünfschiffige Gotteshaus. Hier sind die Kämpfer begraben, die Úbeda von den Mauren zurückeroberten und dafür in der Kirche belohnt wurden.

– Und was können Sie mir über den Parador sagen?
– Ich weiß nicht, ob Ihnen bekannt ist, daß Úbeda gemeinsam mit seiner Nachbar- und Schwesterstadt Baeza das Zentrum der Renaissance in Hochandalusien darstellt. Hier gibt es so viele Paläste, die aus dem 16. Jahrhundert oder gar noch aus der Zeit davor stammen, daß man eine ganze Weile braucht, um sie alle zu besichtigen. Der Parador zum Beispiel war einst Wohnsitz des berühmten Dekans Ortega. Die Rede ist von Fernando Ortega Salido, Kanonikus und Dekan der Kathedrale von Málaga.

Kein anderer Parador in Spanien gibt sich so literarisch. Kurz nach der Einweihung im Jahre 1930 hielt sich der Schriftsteller Pío Baroja hier auf, der ansonsten so wenig wie möglich reiste. Auch Hemingway, García Lorca und Jane und Paul Bowles waren hier zu Gast.

Dem Parador von Úbeda merkt man an, daß er ursprünglich ein maurischer Palast war. Vielleicht wollte Dekan Ortega, ein gebildeter Mann und großer Freund der Klassik, aber auch nur in seinem Haus die gelungene Architektur der römischen Paläste nachahmen. Der Parador besitzt zwei

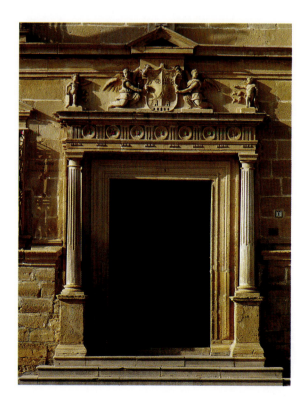

Der Parador Condestable Dávalos und die
Sacra Capilla del Salvador in Úbeda, Jaén.

Innenhöfe. Der erste ist gepflastert, um einen zentralen Brunnen herum angelegt und von doppelstöckigen Arkaden mit Marmorsäulen umgeben. Der zweite Hof liegt versteckt im Inneren des Gebäudes, im Frauenbereich, und besitzt durchgehende Holzbalkone und einen kleinen Garten.

Bei seinem Streifzug durch Úbeda besucht der Reisende das Oratorium des Johannes' vom Kreuz. Hier befinden sich die Reliquien des Heiligen und eine perspektivisch verkürzte Zeichnung des Christus, die Dalí zu seinem Gekreuzigten inspirierte. Auch Baeza sucht er auf, um die Kathedrale zu sehen, durch deren Fenster die Eule aus dem Werk des Dichters Antonio Machado hereingekommen war, und andere Orte, an denen der Dichter sich aufgehalten hatte. Zu diesen zählt auch der Kreuzgang der alten Universität und späteren Schule, an der Machado Französisch unterrichtete. Schließlich unternimmt er noch einen Abstecher zu den Ruinen von Cástulo in der Nähe von Linares. Aus dieser

ÚBEDA

Der Parador befindet sich in einem Palast aus dem 16. Jahrhundert. Dieser geht zurück auf einen Palacio aus dem Jahrhundert davor, der von Fernando Ortega Salido, dem Dekan der Sacra Capilla del Salvador, erbaut worden war. Das ursprüngliche Gebäude wurde von Andrés de Valdevira entworfen, dem Schöpfer der Kathedrale von Jaén. Bemerkenswert ist der schlichte zentrale Innenhof mit den zweistöckigen Arkaden, deren Säulen von anmutigen Kapitellen gekrönt werden. Die Zwickel sind durch runde Medaillons verschönt. Die Fassade besitzt einen horizontalen Charakter, der durch die breiten Wandflächen zwischen Fenstern und Balkonen noch verstärkt wird. Die Eckbalkone verleihen der Anlage eine gewisse Dynamik.

Der zweite Innenhof des Paradors in Ubéda.

Mine bezog Karthago das Silber, mit dem die Feldzüge Hannibals finanziert wurden. Der Feldherr war mit Himilce, der Tochter des Königs von Cástulo, verheiratet und hatte mit ihr einen Sohn, Aspar.

Nach dem melancholischen Anblick der Ruinen von Cástulo wendet sich der Reisende dem Mittagessen zu: er genießt eine Knoblauchsuppe und Rebhuhnsalat. Zum Dessert wählt er Suspiros de Monja, zarte, in Öl gebackene Krapfen aus Brandteig.

Diesmal läßt der Reisende die Siesta aus und geht über den Platz vor dem Parador zum Hospital de los Honrados Viejos del Salvador, wo er die alte Stadtmauer besteigt. Vor ihm liegt ein Tal mit Obstgärten, hinter dem die berühmten Hügel von Úbeda beginnen.

– Sagen Sie, Don Gualberto, was hat es mit den Hügeln von Úbeda auf sich?

– Als König Alfons VI. von Kastilien Úbeda belagerte, erschien der spanische Nationalheld Rodrigo Diaz de Vivar, genannt »el Cid«, mit Verspätung. »Wo zum Teufel hast du dich herumgetrieben, Rodrigo?« wollte der König wissen. Selbstbewußt erwiderte der Cid, dem klar war, daß sein Ruhm den der Könige Spaniens übertreffen würde: »Hier in den Hügeln, Herr.«

Fassade der Sacra Capilla del Salvador (siehe S. 139). Auf dem Bogen über dem Eingang stellt ein Relief die Verklärung Christi dar. Daneben verschiedene biblische und heidnische Szenen.

Marmorsäulen im Innenhof des Paradors von Úbeda.

Die Kirche San Pablo in Úbeda ist eine umgewandelte Moschee. Hier finden sich verschiedene Baustile, wobei romanische Elemente vorherrschen.

ALMAGRO

Wenn man in die Mancha kommt, wird man beim Anblick der Schafherden und Windmühlen, deren Silhouetten sich vor dem Horizont abzeichnen, unwillkürlich daran erinnert, daß man sich in der Heimat des berühmten Don Quijote befindet. Nicht anders ergeht es unserem Reisenden, als er unter dem hohen, wolkenlosen blauen Himmel nach Almagro zieht. Das Braun der brachliegenden Felder wechselt mit dem Grün der Weinberge, alte Dörfer drängen sich um eine Plaza und die berühmten Balkone prangen mit ihren kunstvollen Gittern. Einladend wirkt der Schatten der Kirchen, der Zuflucht vor der sengenden Hitze verspricht. In den erdfarbenen oder weißgetünchten Mauern der bescheidenen Häuser öffnen sich schmale Fenster, in denen gelegentlich rote Paprikaschoten auf einer Schnur aufgereiht zum Trocknen in der Sonne hängen. Hier wird die Ruhe der Klöster nur durch die Glocken unterbrochen, die die Stunde schlagen. Auf ihren eleganten Türmen haben Störche riesige Nester gebaut.

Die scheinbar monotone Landschaft der Mancha hält für den wissensdurstigen Reisenden zahlreiche Überraschungen bereit. Unvergeßlich bleiben ein Besuch des Schiffmuseums und seines Archivs (El Viso del Marqués), die sich merkwürdigerweise mitten im Landesinneren befinden, und das Spektakel, das die afrikanischen Vögel von Las Tablas de Daimiel veranstalten. In diesem Paradies für Ornithologen versammeln sich auf geheimnisvolle Weise jedes Jahr ganz unterschiedliche Vogelarten nach ihrer langen Reise über Wüsten und Meere.

Seit der Antike haben verschiedene Völker immer wieder versucht, die Herrschaft über die Region von Almagro zu erlangen. Der Grund dafür ist einerseits in der strategischen Lage zu sehen – hier treffen sich mehrere Straßen – und andererseits in der Fruchtbarkeit des Landes und seinem Reichtum an Bodenschätzen. So wird in der Mine von Almadén – weltweit das größte Quecksilbervorkommen – dieses Mineral seit der Römerzeit ununterbrochen abgebaut.

Zur Zeit der Kreuzzüge, als die europäischen Könige versuchten, den Muselmanen das heilige Land zu entreißen, spielte sich in der Mancha ein zwar wenig bekannter, aber dennoch erbitterter Kreuzzug ab. Waren es im Orient Templer und Hospitaliter, so unterstützten in Kastilien verschiedene einheimische Ritterorden den König bei seinen Feldzügen. Einer dieser Orden, der von Calatrava, erhielt Almagro und die 74 umliegenden Dörfer. Heute noch ist das Kreuz von Calatrava, das aus vier miteinander verbundenen Lilienblüten besteht, in dieser Gegend sehr verbreitet. Wenige Kilometer von Almagro entfernt bewacht eine in Europa einzigartige Ansammlung von Burgen die alte Straße von Córdoba nach Toledo: Calatrava la

Innenansichten des Paradors von Almagro, Ciudad Real.

Vieja, Salvatierra und Calatrava la Nueva. Letztere besaß den Status eines Klosters. Der Orden von Calatrava hatte hier seinen Sitz, hier bewahrten die Rittermönche ihre Reliquien und Schätze auf.

Auf der weißen Erde der blutgetränkten Schlachtfelder von einst wachsen heute Trauben, die in der warmen Sonne zu einem ehrlichen, kräftigen Rotwein heranreifen, der ausgezeichnet zu den berühmten Delikatessen der Gegend paßt. Der köstliche Pisto manchego (mit Paprika, Tomaten und anderem Gemüse), Lammbraten, Wild (wie Rebhuhn, Hase und Wildschwein) und Duelos y Quebrantos (Eier mit Speck) bereicherten schon den Tisch Don Quijotes.

Nach dem Sturz des letzten islamischen Reiches in Spanien im Jahre 1492 gingen die spanischen Ritterorden in den Besitz des Königs über. Kurz darauf, 1519, benötigte der König von Spanien, Karl I., dringend fast eine Million Florine, um die Stimmen der deutschen Fürsten zu kaufen, die ihn zum Kaiser des Heiligen Römischen Reiches wählen sollten. Der deutsche Bankier und Tuchhändler

Jakob Fugger der Reiche gewährt ihm den notwendigen Kredit. Karl I. wurde als Karl V. zum Kaiser gewählt, sah sich jedoch genötigt, als Gegenleistung für den Kredit das sagenhafte Erbe der Ritterorden an die Fugger zu verpachten. Wie jeder Adlige in der Mancha bauten auch die Fugger einen Palast in Almagro, der sich bis heute erhalten hat und ihnen damals als Konsulat und Büro diente. Ein gutes Geschäft: In nur 15 Jahren hatten die früheren Tuchhändler aus Augsburg die Summe, die sie dem Kaiser geliehen hatten, verzehnfacht.

Jahrhundertelang lebte die Mancha hauptsächlich von ihren Merinoschafen. Durch Wolle und Getreide wurden nicht nur die Fugger reich, sondern auch zahlreiche andere Familien und religiöse Orden. Patrizierhäuser, Klöster und Paläste aus Mittelalter, Renaissance und Barock legen in Almagro heute noch Zeugnis davon ab. Selbst die bescheidenen Franziskaner besaßen ein prächtiges Kloster, den heutigen Parador San Francisco aus dem Jahre 1596. Mit seinen 14 Innenhöfen und unzähligen Galerien, Hallen, Oratorien, Zellen,

ALMAGRO

Der Parador befindet sich im früheren Franziskanerkloster, das 1596 von Jerónimo Dávila erbaut wurde. Die Stadt war nacheinander von Römern, Westgoten und Arabern besiedelt. Nach der Schlacht von Navas de Tolosa im Jahre 1212 nahm sie aufgrund der Wiederbesiedlung durch die Christen einen beträchtlichen Aufschwung. Kurz darauf wurde der Ritterorden von Calatrava gegründet, der Almagro als Hauptquartier für das riesige Gebiet La Mancha wählte.

Speichern und Werkstätten ist der Komplex so weitläufig, daß man sich kaum vorstellen kann, daß er einmal in seiner Gesamtheit bewohnt war. Im Parador ist das Leben allerdings wesentlich angenehmer als früher im Kloster. Man darf nicht vergessen, daß sich die Mönche nach den franziskanischen Regeln von Mitternacht bis drei Uhr morgens und noch einmal im Morgengrauen zum Gebet in der Kirche einzufinden hatten.

Die Klöster, Kirchen, Paläste und Villen von Almagro bilden kleine, in sich abgeschlossene Welten. Einen Kontrapunkt dazu setzt mitten in der blühenden Stadt einer der schönsten Plätze der Welt, ein städtebauliches Zentrum. An den Längsseiten eines weiten Rechtecks reihen sich die grünen, auf Steinsäulen ruhenden verglasten Galerien der hundertjährigen Häuser aneinander. Durch Vorhänge geschützt, blieb das Leben hinter den Fenstern unbeobachtet, doch zeugten Rauchfleisch,

Die Felder, die einst Schauplatz blutiger Schlachten waren, liefern heute reichlich Wein.

Folgende Seiten:
Ansichten der Plaza Mayor von Almagro.

In den Höfen der Häuser war das Theater stets gegenwärtig. Klassische Autoren des spanischen Siglo de Oro, wie Cervantes, Lope de Vega und andere, waren dank des berühmten Corral de Comedias (Hof der Komödien) bereits im 16. Jahrhundert verbreitet.

Gemüse, Trauben und Melonen, die man unter den Dächern zum Trocknen aufgehängt hatte, vom Wohlstand der Hausbewohner.

An einer Seite der Plaza befindet sich das älteste Theater Europas, das noch aus der Zeit von Cervantes und Shakespeare stammt. Beim Anblick der Galerien, Logen und Umkleideräume fällt es leicht, sich vorzustellen, welchen Lärm die Mosqueteros, die Männer auf den Stehplätzen, veranstalteten, während oben in den Logen die Frauen und Adligen ihre Stühle rückten. Besonders privilegierte Zuschauer durften sich auf Klappstühlen direkt auf der Bühne niederlassen.

148

ALARCÓN

In den rauhen Eichenwäldern Kastiliens stieß vor über tausend Jahren ein westgotischer Prinz bei der Wildschweinjagd auf einen Berg, der fast vollständig von einem Fluß eingeschlossen war. Wäre nicht eine schmale Landzunge gewesen, hätte man eine herzförmige Insel vor sich gehabt. Bei seiner Rückkehr nach Toledo berichtete der Prinz seinem Vater, König Alarich, von jenem Berg und überredete ihn, dort eine Festung mit seinem Namen zu errichten: Alaricón.

Auf den Spuren der Legende kommt der Reisende nach Alarcón, wo er feststellt, daß der Ort noch viel mehr zu bieten hat. Die Sonne strahlt vom Himmel, als er einige Kilometer von der Stadt entfernt an einem Aussichtspunkt anhält. Unterwegs ist ein aus Afrika zurückkehrender Storch, dessen Ziel wohl die Glockentürme der Mancha sind, rechts an ihm vorbeigeflogen. Nun genießt er die

ALARCÓN

Die Burg thront auf der Spitze des Berges, auf dem die mittelalterliche Stadt liegt. Berühmt ist die Heldentat des Hernán Martínez de Cevallos, der auf Befehl von Alfons VIII. während der Belagerung mit Hilfe von zwei biskayischen Dolchen die Mauern der Burg erstieg und dafür vom König das Privileg erhielt, sich de Alarcón zu nennen.
Hier schrieb der Infant Don Juan Manuel Werke wie *El Conde Lucanor*.
Die Mauern müssen magische Kräfte besitzen, wenn man bedenkt, welche Ereignisse sich hier unter der Herrschaft der Araber, während der Reconquista und im Mittelalter zugetragen haben.

Blick über das Tal des Júcar auf Alarcón und ein bezaubernder artesischer Brunnen.

Aussicht auf Alarcón und den berühmten Ring des
Júcar, des Flusses, der den Ort umgibt. Auf dem
Gipfel des Hügels erhebt sich der Bergfried mit seinen Zinnen und Pechnasen, umgeben von mächtigen, fensterlosen Mauern, deren horizontale
Ausrichtung nur durch die hohen Ecktürme etwas
aufgelockert wird. Mit Türmen befestigte Mauern
ziehen sich am Abhang entlang und umgeben die
Stadt wie ein von der Sonne im Laufe der Jahrhunderte poliertes goldenes Armband. Aus dem Tal des
Júcar klettert die üppige grüne Vegetation die felsigen Schluchten und Hänge hinauf und bereichert
die Palette der Ocker- und Blautöne, die das Bild
bestimmt, um eine heitere Nuance.

Dem Reisenden fällt eine Verlängerung der
Mauer am Abhang auf, die bis zum Fluß reicht, am
Wasser aber abrupt endet. Später, im Salon des Paradors von Alarcón, klärt ihn Don Federico de Villena darüber auf.

– Sie meinen die Coracha. Darunter versteht
man eine einzelne Mauer, die am Wasser endet, häu-

*Eine Reihe turmbewehrter Mauern umgibt die Stadt
wie ein Armband, dem das Licht der Sonne den Glanz
von Jahrhunderten verliehen hat. Im Mittelalter
erlebte die Burg von Alarcón zahlreiche Kämpfe.
Hier befand sich das Zentrum des Widerstands durch
den Marquis von Villena, der von Jorge Manrique
und Pedro Ruiz de Alarcón belagert wurde.*

fig in einem hohlen Turm, in dem sich ein Brunnen befindet. Sie ermöglichte es den Verteidigern der Burg, sich mit Wasser zu versorgen. Festungen und Städte mußten sich häufig ergeben, wenn ihnen nach länger Belagerung das Wasser ausging, daher war es so wichtig, sich den Zugang zum nächsten Fluß oder Brunnen zu sichern.

Am nächsten Morgen begleitet Don Federico de Villena unseren Reisenden nach einem ausgiebigen Frühstück bei der Besichtigung von Stadt und Festung.

– Diese Mauern und Türme haben die gesamte spanische Geschichte miterlebt. Nach der Vernichtung des Westgotenreiches durch die Araber im Jahre 711 geriet die Burg jahrhundertelang in Vergessenheit, wahrscheinlich weil sie nicht in Grenznähe lag. Als sich das islamische Spanien jedoch in ein Dutzend kleinerer Reiche aufspaltete, gewann Alarcón als Grenzfestung des Reiches von Toledo neue Bedeutung.

1184 eroberte Alfons VIII., König von Kastilien, die Gegend von Cuenca zurück. Alarcón wurde durch die heldenhafte Tat eines königlichen Ritters erobert, eines gewissen Hernán Martínez de Cevallos, der sich zur Erinnerung an das Ereignis de Alarcón nannte. In einer mondlosen Nacht erkletterte er die Mauern, indem er zwei Dolche abwechselnd in die Ritzen zwischen den Quadern schob. Oben angekommen, beseitigte er die Wachen und öffnete den Belagerern das Tor.

Nachdem der König endgültig die Herrschaft über die Gegend erlangt hatte, bemühte er sich, die Wiederbesiedlung zu fördern, indem er den Kolonisten beträchtliche Steuervorteile und andere Privilegien in Aussicht stellte. Schon bald stieg erneut Rauch aus den Kaminen von Alarcón auf, und Bauern und Schäfer bevölkerten die Straßen. Die Nähe der Grenze und die strategische Lage zwischen Meseta und Levante machten die Gegend so gefährlich, daß man die Landbesitzer per Erlaß dazu verpflichtete, in den risikoreichsten Monaten nur mit bewaffneter Eskorte zu arbeiten. So hatte jeder

Palast aus dem 16. Jahrhundert, das heutige Rathaus von Alarcón.

Viehbesitzer einen Reiter nebst Pferd für je zwei Rinder- beziehungsweise je drei Schafherden zu stellen.

Nach ihrem Morgenspaziergang auf den Mauern, von denen man auf das tiefeingeschnittene Tal des Júcar und die fruchtbaren Felder dahinter blickt, folgen die beiden der Calle Maestra, die sich durch die gesamte mittelalterliche Stadt zieht, bis sie auf einen weiten Platz gelangen. Die eine Seite nimmt ein Palast aus dem 16. Jahrhundert ein, der heute das Rathaus beherbergt, ihm gegenüber befindet sich die sogenannte Casa Palacio, ein schönes Beispiel für den volkstümlichen Barock. Die dritte Seite des Platzes beherrscht das manieristische Portal der Kirche San Juan Bautista. Der Reisende kann sich kaum satt sehen an dem gelungenen Ensemble. Plötzlich entdeckt er ein Schild mit der Aufschrift Plaza de Don Juan Manuel.

– Don Juan Manuel, erläutert Don Federico, war ein Meister des Schwertes und der Feder. Der Enkel und Neffe eines Königs war so frühreif, daß er mit zwölf Jahren in seiner ersten Schlacht kämpfte. Als erwachsener Mann nahm er an der Eroberung von Algeciras teil. Dreimal mit Prinzessinnen und Edeldamen verheiratet und dreimal verwitwet, zog er sich schließlich ins Kloster von Peñafiel zurück, um zu lesen und zu schreiben. Er ist der Vater des spanischen Romans. Bereits 1335 verfaßte er das *Libro de Patronio o del Conde Lucanor*, eine liebenswürdige Sammlung von Erzählungen. Die Technik, derer er sich hier bedient, greift Boccacios *Decamerone* vor, der erst 13 Jahre später entstand. Eine der unterhaltsamsten Geschichten, die vom »mancebo que casó con muger fuerte et muy brava« (Vom Jüngling, der eine starke und unbändige Frau heiratete) inspirierte Shakespeare zu *Der Widerspenstigen Zähmung*.

Der Speisesaal des Paradors ist geschmückt mit den Standarten der Ritter, die Alarcón eroberten und dafür mit Gütern in der Stadt entlohnt wurden. Der Reisende und sein Gastgeber nehmen hier eine regionale Spezialität zu sich, den Morteruelo, eine Pastete aus verschiedenen Fleischsorten. Danach trinken sie ihren Kaffee im Salon, der mit Teppichen, Thronsesseln und anderen mittelalterlichen Stücken dekoriert ist.

CUENCA

Der Reisende hat schon viel von den hängenden Häusern gehört, die den Eindruck vermitteln, Cuenca schwebe halb in den Wolken. Doch als er durch das enge Tal des Huécar, dessen klare Fluten in Tausenden von Jahren diese eindrucksvolle Schlucht geschaffen haben, auf die Stadt zufährt, wundert er sich über die Errichtung einer Siedlung an solch einem seltsamen Ort. Don Federico de Villena erklärt dem Reisenden den Grund:

– Wie viele spanische Städte ist Cuenca ein Resultat der mühseligen Rückeroberung. Bei der Ortswahl dachte man eher an seine Verteidigung als an die Bequemlichkeit seiner Bewohner. Als man dieses enge Felsplateau entdeckte, umgeben von tiefen, von Júcar und Huécar gegrabenen Schluchten, überlegte man nicht lange. Einmalig die strategische Lage: ein Vorposten Kastiliens an der levantinischen, zum Meer hin offenen Flanke.

Im 8. Jahrhundert gründeten die Mauren Cuenca und errichteten eine Festung auf dem höchsten Teil des Plateaus. Um die Burg herum entstand die Stadt, zuerst waren es nur bescheidene Hütten, später mehr oder weniger feste Häuser. Als der König von Kastilien, Alfons VIII., 1117 den Ort eroberte, war Cuenca bereits eine Stadt.

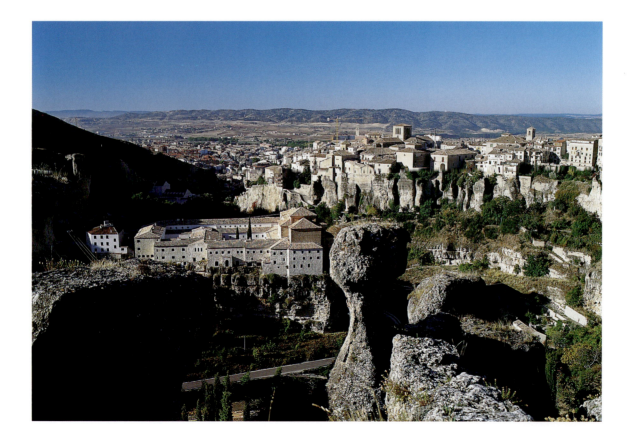

Kreuzgang im Parador von Cuenca, einem früheren Dominikanerkloster aus dem 16. Jahrhundert.

Aufenthaltsräume und Gänge vermitteln noch heute einen Eindruck der Atmosphäre im Dominikanerkloster San Pablo.

Blick vom Parador auf die rauhe Landschaft, die durch den träge dahinfließenden Húecar aufgelockert wird.

Durch das Tal des Huécar gelangt der Reisende ohne Schwierigkeiten zu seinem Hotel, dem Parador San Pablo. Er betrachtet die beeindruckende barocke Churriguerismus-Fassade der Kirche. Bei seiner Erkundung der Aufenthaltsräume und Gänge, Treppen und Oratorien des alten Klosters sticht dem Reisenden ein merkwürdiges Detail ins Auge.

– Neben dem Wappen der Dominikaner sind überall diese Buchstaben, deren Bedeutung ich nicht kenne.

– Das ist das Anagramm des Klostersgründers, des Chorherrn der Kathedrale von Cuenca, Juan del Pozo Pino. Es heißt, dieser habe einen stummen schwarzen Sklaven besessen. Schwarz war er, weil er in Afrika geboren war, stumm, weil man ihm die Zunge abgeschnitten hatte. Deswegen war er aber noch lange nicht taub. Eines Nachts bemerkte er, daß man seinem Herrn eine Truhe mit Säcken voller

CUENCA

Der Parador befindet sich im früheren Kloster San Pablo, das 1523 vom Domherrn Juan del Pozo gegründet wurde und ein schönes Beispiel für die Gotik des 16. Jahrhunderts darstellt. Es befindet sich auf einem Vorgebirge, das über den Húecar hinausragt, einen der beiden Flüsse, die Cuenca einschließen. Von hier aus blickt man auf die Altstadt, die hängenden Häuser und die gotische Kathedrale, die anglo-normannische Einflüsse aufweist. Dieses historische Ensemble einschließlich des Klosters San Pablo wurde vor kurzem zum Weltkulturerbe der UNESCO erklärt.

Kreuzgang des Paradors von Cuenca.
Das frühere Dominikanerkloster wurde zu
Beginn des 16. Jahrhunderts gegründet.
Die Kirche ist spätgotisch.

Goldstücke gestohlen hatte, und schlug Alarm. Trotz des Nebels verfolgte er die Spur der Diebe bis zu einer Felsnadel über dem Húecar, der sogenannten Sultana. Dank seiner Hilfe konnte der ausgesandte Suchtrupp die Diebe dort aufspüren und den Schatz retten. Der Domherr sah dies als Zeichen des Himmels und gründete mit seinem Vermögen ein Kloster auf eben diesem Felsen, der Sultana.

– Aber hier gibt es doch gar keinen Abgrund.

– Nicht auf dieser Seite. Durch das Tal gelangt man auf einem ebenen Weg hierher, aber wenn Sie auf der anderen Seite hinausgehen wollten, müßten Sie schon fliegen, denn das Kloster liegt so dicht am Abgrund wie die hängenden Häuser.

Der Parador von Cuenca besitzt 14 Dächer und einen Innenhof mit Brunnen und Kreuzgang, der durch das Grün zweier mächtiger Zypressen belebt wird. Das Zimmer des Reisenden liegt auf der Seite des Abgrunds und gibt den Blick auf den nahen Hügel mit der maurischen Festung frei. Dort richteten die Christen einst das erste Gefängnis der Inquisition ein.

Um in die Stadt zu gelangen, ist der eiserne Steg über der Schlucht des Hoz del Húecar zu überqueren. Man steigt einen steinigen Hang hinauf und betritt durch einen Vorbau aus massiven Balken die mittelalterliche Stadt. Durch enge, gepflasterte Gassen gelangt der Besucher bald auf die Plaza de Ronda, wo er sich auf einen Stein setzt und die Inschrift an der rückwärtigen Fassade des archäologischen Museums entziffert: *Omnia opera mortalis mortalitate damnata sunt. Inter peritura vivimus.* – »Jedes Werk des Menschen ist zum Tode verurteilt. Inmitten vergänglicher Dinge leben wir.«

In der mittelalterlichen Stadt hängen winzige Gärten und Obsthöfe über dem Abgrund, zahlreiche Details fesseln den Blick des Reisenden: Gitter, Brunnen, geheimnisvolle Gärten, hohe Balkone und Obstbäume. Bemerkenswert ist die Verschmelzung der Bauwerke mit ihrem Untergrund: Felsen werden zu Mauern, Simse laufen im Hang aus, in diesem chaotischen Gedränge scheint ein Haus auf das andere klettern zu wollen. Hin und wieder wirft er von einer Aussichtsterrasse aus einen Blick auf das Flußtal, in dem die Bäume alle nur denkbaren Schattierungen von Gelb und Grün aufweisen.

Während des Besuchs der fünfschiffigen Kathedrale, die merkwürdigerweise im anglo-normannischen Stil errichtet ist, sinnt der Reisende über die Geheimnisse der Stadt Cuenca nach. An diesem Ort läßt der Legende nach der Gral, der auch im Wappen der Stadt abgebildet ist, die Mächte der Erde und der Lüfte aufeinandertreffen.

In Gedanken versunken tritt der Reisende den Heimweg zurück über den eisernen Steg an. Das Mittagessen nimmt er im alten Refektorium des Gebäudes unter einer in die Wand eingelassenen Kanzel zu sich. Als der Parador noch Kloster war, las von hier aus ein Mönch aus der Bibel vor, um seine Mitbrüder während ihres schweigsamen Mahls zu erbauen. Die Mischung aus gedünsteter Distel und Spinat läßt den Reisenden alle Facetten pflanzlicher Kost schmecken. Ein besonderer Genuß ist da das Dessert: Torta de Alajú, eine lokale Spezialität aus Brot, Nüssen und Honig, der zwei Gläschen Resolí folgen.

Ein Blick auf die Landschaft
um die geheimnisvolle Gralsstadt Cuenca.

*Die Kathedrale von Cuenca, von Alfons VIII.
über der alten Moschee errichtet.*

*Zauber der Abenddämmerung mit Blick auf die hängenden
Häuser aus dem 15. Jahrhundert. Heute befindet sich hier
das Museum für abstrakte spanische Kunst.*

– Und woraus besteht dieser Likör?

– Den hat ein Mönch erfunden, der einst Seemann oder gar Pirat war und sich von seiner Sehnsucht nach den Gewürzinseln befreien wollte. Daher verwendete er hier im Landesinneren so viele Köstlichkeiten aus Übersee: Kaffee, Zimt, Orangenschalen und Zucker.

Am Nachmittag durchstreift der Reisende erneut die alten Gassen der Stadt. Er setzt sich auf das Geländer eines Obstgartens und beobachtet eine fröhliche Gruppe moderner Nonnen, deren Röcke nur noch bis zur Wade reichen und ein flottes Ausschreiten ermöglichen. Auf seine Frage nach ihrer Meinung zu Cuenca antwortet ihm eine der Schwestern: »Wenn ich beten möchte, erinnere ich mich an Orte wie diesen hier, an denen ich Schönes erlebt habe. Das hilft mir, mich zu konzentrieren.«

Vom Murmeln des nahen Huécar in seinem steinernen Bett in den Schlaf gewiegt, ruht der Reisende in jener Nacht im Frieden seiner Zelle tief und traumlos.

CHINCHÓN

Gastfreundlich sind die Bewohner von Chinchón, aber mit ihnen ist nicht zu spaßen. 1808, nach dem Volksaufstand gegen die napoleonischen Truppen, wagte sich eine französische Patrouille auf einem Erkundungsgang bis auf die Plaza Mayor, ganz in der Nähe des Paradors, in dem unser Reisender die Nacht verbringen möchte. »Zwei von ihnen«, so ein zeitgenössischer Bericht, »wurden durch Schüsse getötet, zwei weitere durch Steinwürfe.«

Beim Anblick der sogenannten Columna de los Franceses, die an dieses Ereignis erinnert, überlegt der Reisende, ob die Bewohner von Chinchón, die mit Steinwürfen die Sieger von Austerlitz erledigt hatten, ihre Treffsicherheit nicht vielleicht dem Anislikör verdankten.

– Leider ging die Sache nicht gut für uns aus, weil die Franzosen Verstärkung bekamen und die Steine nicht für alle reichten. Am Ende wurde der Ort niedergebrannt.

Doch die Bewohner von Chinchón sind nicht nur für ihren Kampfgeist und ihre Gastfreundschaft bekannt, sondern auch für ihre beneidenswerte Kochkunst. Wegen des berühmten Bratens kommen viele sogar aus Madrid hierher, manche planen ihre Reisen so, daß sie in Chinchón zu Mittag essen können. Nach dem Braten nimmt man als Dessert Milchreis und trinkt zum Schluß ein Gläschen Chinchón.

Ein Einheimischer klärt den Ortsunkundigen über das Getränk auf:

– Chinchón ist ein alkoholhaltiges Getränk auf Anisbasis, das sowohl gesüßt wie auch ungesüßt erhältlich ist. Hergestellt wird der Likör aus grünem Anis, der in natürlichen Alkoholen eingelegt und in Kupferkolben destilliert wird.

Der regionale Anislikör ist in ganz Spanien bekannt und entfaltet seinen Geschmack besonders gut, wenn er nach dem Dessert mit viel Eis getrunken wird. Das mildert seine Stärke und verleiht ihm eine milchig weiße Farbe; in dieser Form heißt er Palomita, Täubchen.

Der Parador, in dem der Reisende übernachtet, beherbergte im 17. Jahrhundert ein Augustinerkloster, Santa María del Paraíso. Hier gab es eine den Mönchen vorbehaltene Universität mit Lehrstühlen für Literatur, Theologie und lateinisches Schrifttum. Im 19. Jahrhundert beschlagnahmte die Regierung den Komplex und brachte hier ein Gericht mit angeschlossenem Gefängnis unter. So begann der Niedergang, der 1929 damit endete, daß das Gebäude bis auf die Rosenkranzkapelle und die Haupttreppe vollständig abbrannte. Die massiven Mauern aus Ziegeln und Bruchsteinen allerdings hielten stand und bildeten die Grundlage für den Bau des heutigen Paradors.

Bei der Besichtigung der Kreuzgänge und Nebengebäude des früheren Klosters ist der Reisende überrascht, wieviel vor dem Feuer gerettet und bis in unsere Tage bewahrt worden ist. Von der einstigen religiösen Bestimmung des Gebäudes zeugen heute noch die Heiligengestalten und Madonnen,

Innenhof des Paradors. Das kühle Wasser scheint ähnlich einladend wie der berühmte einheimische Anislikör.

*Das Kloster Santa María del Paraíso besaß Lehrstühle für klassische Literatur,
Theologie und lateinisches Schrifttum.*

die auf Gemälden und Kacheln dargestellt sind. In
einer Ecke erinnert ein ehrwürdiger Destillierkessel
an die Geschichte des Likörs.

Auf einem der Gemälde ist Ana de Osorio, Gräfin von Chinchón und Vizekönigin von Peru, abgebildet, die als erste die Chinarinde aus Amerika
nach Europa brachte, die der Naturforscher Linné
ihr zu Ehren »chinchona« nannte.

CHINCHÓN

Der Parador befindet sich in einem früheren
Augustinerkloster, das Ende des 15. Jahrhunderts von dem ersten Herren von Chinchón, dem Marquis von Moya, gegründet
wurde. Bemerkenswert sind vor allem die
Tonnengewölbe der Kirche, deren Bogen-
felder sich in einer kunstvollen, halb-
kugelförmigen Kuppel kreuzen. In den
Hängezwickeln findet sich das Wappen der
Cabrera-Bobadilla, des ersten Marquis von
Chinchón und seiner Gemahlin.

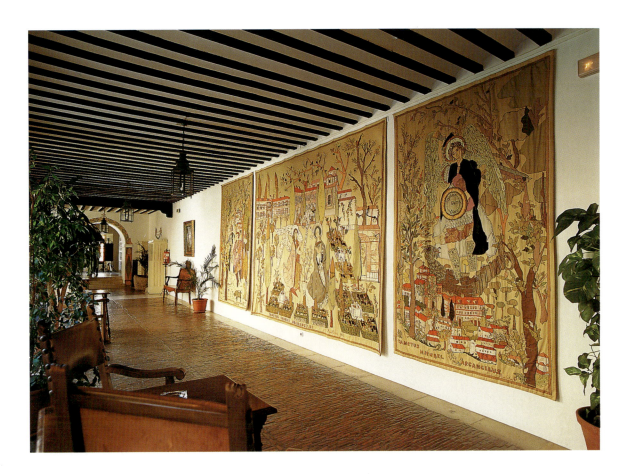

Von der einstigen religiösen Bestimmung des Paradors von Chinchón zeugen heute noch die Heiligengestalten
und Madonnen, die auf Gemälden und Fliesen abgebildet sind. Bei einem Gang durch Kreuzgänge und Nebengebäude fällt es
leicht, sich in die Zeit von Doña Ana de Osorio, der Gräfin von Chinchón und Vizekönigin von Peru, zurückzuversetzen.
Trotz des verheerenden Brandes von 1929 gelang es, bei der Restaurierung den Charakter des Bauwerks zu erhalten.

Parador von Chinchón: Wo sich heute die Haupttreppe befindet, stand
einst die von Hernando de Zúñiga 1665 gestiftete Capilla de la Soledad.

Details der schönen Wandfresken.

Salon des Paradors von Chinchón.

Die Plaza Mayor von Chinchón ist beispielhaft für die kastilischen Plätze mit ihren Kolonnaden.
Besonders typisch die durchgehenden Holzgalerien in unterschiedlicher Höhe.

*Die aus dem 15. Jahrhundert stammende Burg von Chinchón besitzt einen rechteckigen Grundriß,
runde Befestigungstürme an den Ecken und einen tiefen Graben.*

Grünanlage vor dem Eingang zum Parador von Chinchón.
Unter Karl V. wurde die Stadt Grafschaft.

ÁVILA

In den Gärten des Paradors setzt sich der Reisende im Schatten des Maulbeerbaumes der heiligen Teresa auf eine Bank.

– Warum nennt man den Baum nach der Heiligen?
– Weil sie als kleines Mädchen auf diesen alten Baum kletterte, um Maulbeeren zu pflücken. Anscheinend hatte sie es faustdick hinter den Ohren. Dieser Palacio gehörte damals der Familie Benavides, und die Hausherrin war eine Tante von Teresas Mutter.

Was Spanien angeht, hält sich der Reisende gern an den umstrittenen Schriftsteller Miguel Unamuno (1864–1936), der einst folgender Ansicht war: »Das Beste in Spanien ist Kastilien, und in Kastilien gibt es nur wenige Städte, die sich mit Ávila messen können.«

In der Stille des Gartens, unterbrochen nur durch das Zwitschern der Vögel in Bäumen und

In einem der Salons erinnert ein Gemälde an Santa Teresa.

*Innenhof des Paradors von Ávila mit
Säulen und einer verglasten Galerie.*

Beeten, betrachtet der Reisende die mittelalterliche Stadtmauer. Beim Anblick der mächtigen Rundtürme und der Puerta del Carmen, die zu den acht Toren der Stadt zählt, erinnert er sich an das schwierige Schicksal der ersten Bewohner: Seit der Rückeroberung der wüstenhaften Gegend um den Duero im 9. Jahrhundert hielten die Nachkommen der Eroberer dieses Niemandsland zwischen Mauren und Christen für Kastilien. Die ständige Bedrohung durch den Krieg muß wohl bewundernswerte Frauen hervorgebracht haben. Sie versteckten ihr Haar unter den Hüten ihrer abwesenden Männer und Brüder und verteidigten von den Mauern aus die scheinbar schutzlose Stadt gegen die Mauren.

– Zur Erinnerung an dieses Ereignis führt Ávila seit damals fünf Hüte im Wappen.

Die Treppe führt hinauf zum Wehrgang der Stadtmauer und folgt dem Weg der Wachen von Turm zu Turm, bis hin zu der zinnenbewehrten Plattform und dem Glockenturm über der Puerta del Carmen. Von diesem Aussichtspunkt wird klar, wie sehr die Granitblöcke die Umgebung beherrschen: Sie ragen wie von riesenhafter Hand verstreut aus Grasflächen und Gestrüpp empor.

Dann wendet sich der Reisende der Stadt zu, um eingehend die roten Dächer und grauen Mauern des Paradors zu betrachten. Der mächtige, steinerne Turm des Palacio de Benavides, in dessen Schutz alle anderen Gebäude errichtet wurden, verrät den militärischen Geist seiner Erbauer. Im Inneren des Palastes dagegen ist die kastilische Strenge deutlich gemildert, so daß die Räume durchaus wohnlich wirken. Hier finden wir heute große Säle, sonnige Zimmer und einen Arkadenhof mit eleganten Granitsäulen. Besonders auffällig erscheint dem Reisenden eine kastilische Besonderheit: In den dicken Mauern wechseln Ziegeln mit festgestampftem Lehm.

Der Palacio de Piedras Albas in Ávila, ein Palast aus dem 16. Jahrhundert. Heute befindet sich hier der Parador.

ÁVILA

Der Parador erhielt seinen Namen Raimundo de Borgoña (Raimund von Burgund) in Erinnerung an den Schwiegersohn von Alfons VI. und Grafen von Burgund, der die Stadt eroberte und von 1091 bis 1099 die Stadtmauern errichten ließ. Untergebracht ist der Parador in einem Palast aus dem 16. Jahrhundert, dem Palacio de Piedras Albas, wie er nach den hellen Steinen, aus denen er erbaut ist, genannt wird. Später kam es mehrfach zu Umgestaltungen, immer jedoch zählte das Gebäude zu den prächtigsten in dieser »Stadt der Ritter«.

Die Stadtmauern von Ávila. Mit ihrem Bau wurde 1091 auf Befehl von Raimundo de Borgoña begonnen.
Die Stadt ist auch heute noch gut bewacht: An strategischen Punkten haben sich Störche niedergelassen.

– Die quadratischen, von Ziegeln eingefaßten Felder bestehen also aus Lehm?

– So ist es. Der festgestampfte Lehm sorgt für den Temperaturausgleich, so daß es in den Innenräumen im Winter angenehm warm und im Sommer kühl ist.

Die früheren Bewohner des Palastes verstanden es nicht nur, mit dem Schwert, sondern auch mit der Feder umzugehen. Ihre bemerkenswerte Bibliothek umfaßt nahezu 35 000 Bände, die sich vor allem mit der heiligen Teresa, Cervantes und dem Stierkampf befassen.

In der Stadt gilt es, die Kathedrale, die Kirchen und das Monasterio de la Encarnación zu besuchen. In einer der Zellen dieses Klosters meditierte die heilige Teresa, wobei sie sich gelegentlich in die Lüfte erhob; hier verzehrte sich der Kaplan des Klosters, Johannes vom Kreuz, der größte Dichter Spaniens, in Liebe zu Gott. »Mit Bruder Johannes kann man nicht von Gott sprechen, weil er alsbald in Verzückung gerät und andere mit sich reißt«, weiß die Mystikerin zu berichten.

Auch das Grab des Prinzen Johannes, des Erstgeborenen der Katholischen Könige, sucht der Reisende auf. Dieser Prinz starb an der Liebe oder, genauer gesagt, an der Unersättlichkeit seiner Gemahlin Margarete von Burgund. Nach seinem Tod ging die spanische Krone an Margaretes Bruder Philipp den Schönen über. Mit ihm gelangten die Habsburger an die Macht, unter deren verschwenderischer Kriegspolitik das Land jahrhundertelang leiden sollte. Beim Anblick der Marmorstatue des liegenden Jünglings scheint es dem Reisenden höchst lehrreich, daß der Lauf des Schicksals dieser mächtigen Nation einst durch die Leidenschaft eines lüsternen jungen Burschen bestimmt worden sein soll.

Bevor er die Stadt verläßt, versorgt er sich mit den süßen Spezialitäten der Stadt: Yemas de Santa Teresa, Bocaditos de San Honorato und Rosquillas, süßes Gebäck.

SIGÜENZA

Der Besuch des Doncels (Junkers) von Sigüenza ist ein absolutes Muß. Martín Vázquez war der Name des Edelknaben, der 1486 in der Acequia Gorda bei Granada in einem Scharmützel mit den Mauren den Tod fand. Es war die Zeit, als die Katholischen Könige sich anschickten, die letzte Bastion des Islam auf der iberischen Halbinsel zu erobern.

Nun ruht die Gestalt aus weißem Marmor in kompletter Rüstung auf dem Grab. Auf der Brust trägt der Doncel das rote Kreuz der Jakobsritter, deren Komtur er war, in der Hand hält er ein Buch. Das Grabmal wurde von Isabella der Katholischen bei einem Meister namens Juan in Auftrag gegeben.

Gerne wüßte der Reisende etwas über den Inhalt des dargestellten Buches. Vielleicht sind es die Gedichte seines Zeitgenossen Jorge Manrique, eines anderen Ritters, der mit der Waffe in der Hand starb? Hatte nicht dieser in seinen Versen den Ruhm gepriesen, der den wahren Ritter erwartet, wenn er die Eitelkeit dieser trügerischen Welt hinter sich gelassen hat?

Fünf Jahrhunderte ist der Doncel von Sigüenza bereits tot, aber er beeindruckt nach wie vor allem das weibliche Geschlecht. Eine Gruppe Schulmädchen, die ihren Jahresausflug macht, strömt in die Kapelle. Seufzend stehen die Mädchen am Grab des jungen Mannes. »Allein sein Anblick

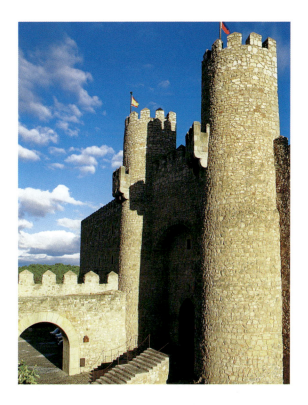

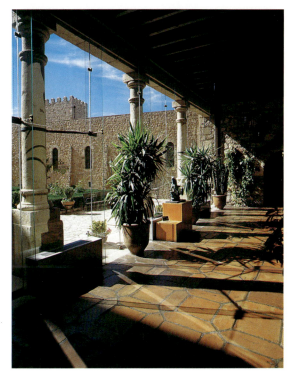

war es schon wert, hierher zu kommen«, erklärt eine der Schülerinnen.

Der Reisende findet, das Mädchen habe nicht unrecht. Er wendet sich der befestigten Kathedrale zu, die sowohl romanische als auch gotische Elemente aufweist, und bewundert die Sakristei von Covarrubias sowie die prächtigen Grabmäler in den Kirchenschiffen. Dabei erinnert er sich an Garcilaso de la Vega, de Cadalso und andere spanische Soldaten, die wie der Doncel und Jorge Manrique Schwert und Feder gleichermaßen schätzten, Cervantes und Lope de Vega nicht zu vergessen. Um das altarähnliche Mausoleum der Santa Librada in der Sakristei rankt sich eine interessante Legende: Im Mittelalter war die Heilige die Schutzpatronin der Huren und der gebärenden Frauen. In den Büchern heißt es, in jenen rauhen Zeiten vor der Erfindung der Schwangerschaftsgymnastik hätten die werdenden Mütter hier den Rosenkranz gebetet und nach der Messe folgende fromme Bitte vorgetragen:

Santa Librada, Santa Librada,
Santa Librada Santa Librada,
que la salida   laß das Kind so
sea tan dulce   leicht herauskommen,
como la entrada. wie es hineingekommen ist.

Nach der Besichtigung der Kathedrale und einem ausgiebigen Spaziergang durch den schönen Ort entschließt der Reisende sich, im Parador abzusteigen. Dieser liegt auf einem Hügel über der Stadt und besitzt eine Geschichte, die wie eine Zusammenfassung der Entwicklung des gesamten Landes wirkt. Keltiberer, Römer, Goten und Araber lebten hier, bevor Bischof Bernardo de Agén 1124 eine Burg errichtete, die von seinen Nachfolgern dem jeweiligen Zeitgeschmack entsprechend erweitert und ausgebaut wurde, bis sie mehr einem Palast als einer Festung glich. Das Gebäude birgt zahlreiche Sehenswürdigkeiten wie die Zwillingstürme aus dem 16. Jahrhundert, den Thronsaal mit den beiden französischen Kaminen und der von mächtigen Säulen getragenen Decke, die romanische Kapelle,

Der Parador von Sigüenza: Die Zwillingstürme
aus dem 16. Jahrhundert und eine Innenansicht
der mittelalterlichen Festung.

den weiten, gepflasterten Hof mit zentralem Brunnen und den Glockenturm. Überall bewundert der Reisende Rüstungen, Helme und Standarten, bevor er sich schließlich im prächtigen Speisesaal niederläßt, der im Turm der Doña Blanca untergebracht ist. Er entscheidet sich für gebratenes Zicklein und nimmt danach einige Bizcochos borrachos, zu Ehren des Nobelpreisträgers Camilo José Cela, der dieses in Likör getränkte Biskuitgebäck in seinem Buch *Nuevo Viaje a la Alcarria* ausgiebig erwähnt.

SIGÜENZA

Die mittelalterliche Burg, in der der Parador untergebracht ist, wurde auf den Resten keltisch-iberischer, römischer, westgotischer und arabischer Bauten errichtet. Nach der Rückeroberung durch die Christen im Jahre 1124 befand sich hier die Residenz des Bischofs Bernardo de Agén. Im 14. Jahrhundert kam es unter Bischof Simón Girón de Cisneros zu einer Umgestaltung, die Kardinal Fonserca im darauffolgenden Jahrhundert weiterführte. Erwähnenswert ist der sog. Thronsaal mit den beiden Kaminen.

Der Thronsaal mit seinen prächtigen französischen Kaminen und der bemerkenswerten Holzbalkendecke.

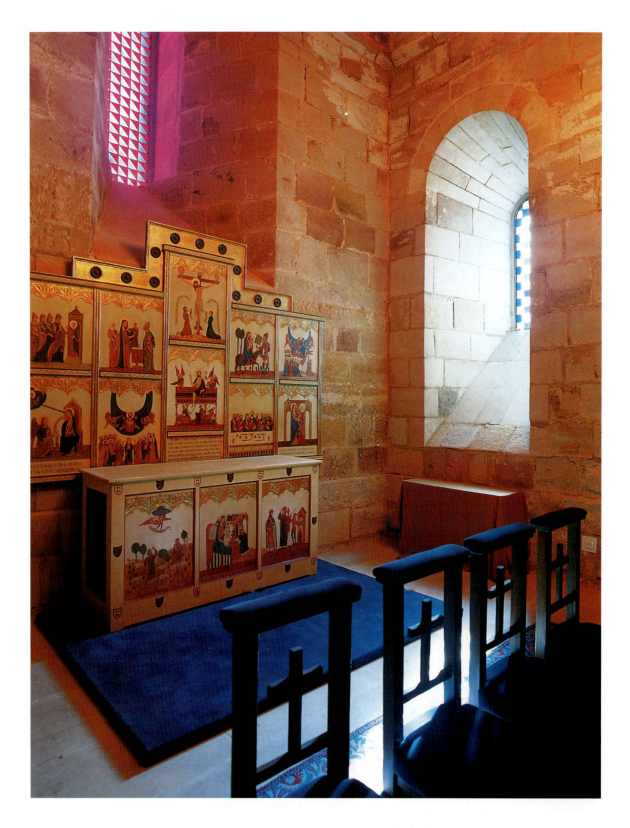

Detail der Kapelle des Paradors von Sigüenza.

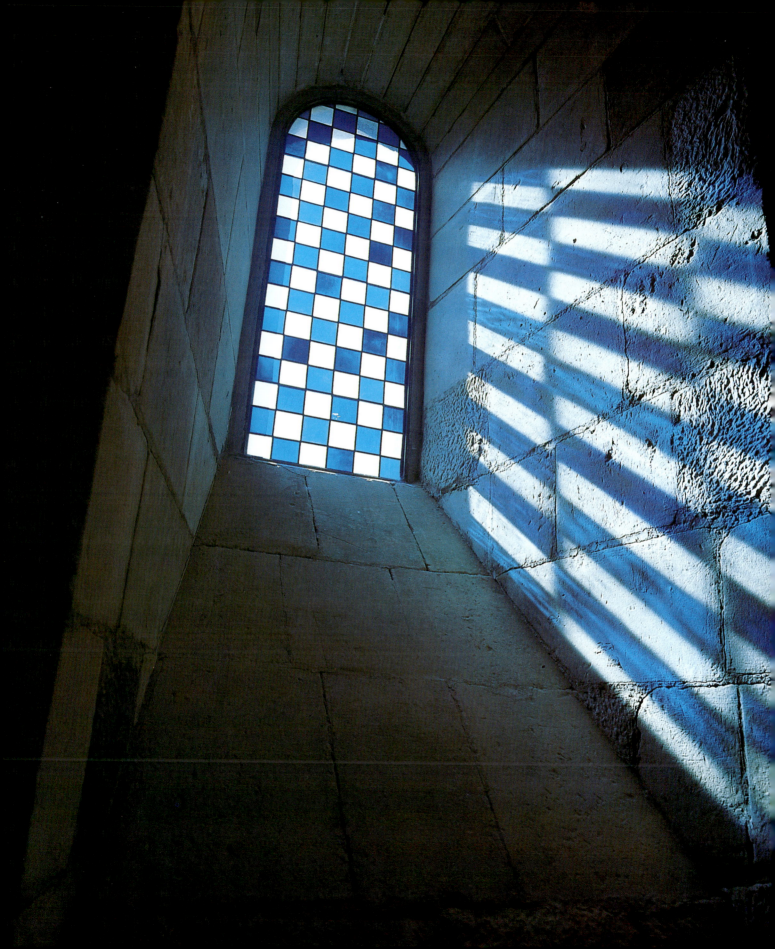

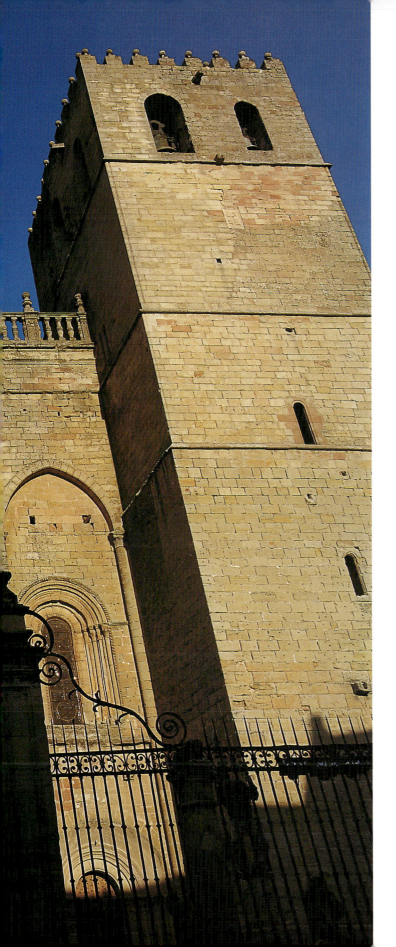

Niemand sollte sich von Sigüenza verabschieden, ohne von der Kuppe des Hügels einen letzten Blick auf die Stadt zu werfen.

Die Kathedrale von Sigüenza – halb Gotteshaus, halb Festung – wurde vom 12. bis zum 15. Jahrhundert gebaut.

Vorherige Seite:
Der berühmte Doncel von Sigüenza, das gotische Grabmal des Martín Vázquez de Arce, eines jungen Ritters, der in den Feldern vor Granada im Kampf gegen die Mauren den Tod fand. Werk eines unbekannten Künstlers, ausgehendes 15. Jahrhundert.

CARDONA

Sowohl Strabo, ein griechischer Geograph aus der Zeit vor Christi Geburt, als auch Aulus Gelius, ein römischer Schriftsteller des zweiten nachchristlichen Jahrhunderts, priesen die Steinsalzvorkommen von Cardona als Naturwunder, als »einen großen Berg aus reinem Salz, der so schnell nachwächst, wie er abgebaut wird«. Die Römer hatten guten Grund anzunehmen, daß das Salz nachwachse: Die Galerien, die sie ausgehoben hatten, waren so tief wie in keiner anderen Mine und immer noch stieß man auf Salz. Der Reisende verbringt den Vormittag in La Salina, dem versteinerten blauen Meer. Er entdeckt unterirdische Seen und bewundert die phantastischen Skulpturen, zu denen die Natur die Salzstalaktiten geformt hat.

– Und dieses Vorkommen nimmt nicht ab?
– Selbstverständlich tut es das, aber das Salz hier reicht zumindest noch für die nächsten tausend Generationen. Den Berechnungen der Ingenieure zufolge liegen hier noch 500 Millionen Tonnen.

Obwohl Cardona so weit im Landesinneren liegt, fast an der Grenze zwischen Lleida und Barcelona, wo an klaren Tagen schon die Ausläufer der Pyrenäen am Horizont zu erkennen sind, besitzt es abgesehen von seinen Salzvorkommen noch weitere Verbindungen zum Meer. Zu Beginn des 9. Jahrhunderts gehörte der Ort zum Besitz des berühmten Konnetabel von Aragón, Admiral Ramón Folch, der auch Herzog von Cardona war. Damals war Aragón noch nicht die Seemacht im Mittelmeer wie einige Jahrhunderte später im ausgehenden Mittelalter, als man stolz verkündete »selbst die Fische sollten das Wappen von Aragón tragen«. Später tat sich ein Nachkomme des ersten Cardona, auch ein Admiral Ramón Folch, zu Wasser und zu Lande bei der Eroberung von Neapel für Ferdinand den

Auf dem Gipfel des Hügels wacht die Burg mit ihren Zinnen über das Tal.

*Der Parador von Cardona. Die in der zweiten Hälfte des 9. Jahrhunderts gegründete Burg
bewahrt auch heute noch ihren mittelalterlichen Charakter.*

Die Stiftskirche San Vicente in Cardona. Krypta unter der Hauptapsis.

Katholischen hervor. Als großer Kriegsherr erhielt er in Bellpuig ein prächtiges Grabmal im Renaissancestil.

Cardona erhebt sich auf einem Hügel über der Ebene des Flusses Cordoner. Aus der Ferne bietet sich ein eindrucksvoller Blick auf die mächtigen, teilweise dreifachen Mauer- und Festungsringe, die fest im Hügel verankert scheinen. Gekrönt wird das Ensemble von zwei einander gegenüberliegenden Gebäuden mit den senkrechten Mauern der Stiftskirche San Vicente auf der einen und dem runden, trotz der fehlenden Spitze immer noch eindrucksvollen Stumpf des Hauptturms der Burg auf der anderen Seite. Dieser Bergfried aus dem 11. Jahrhundert ist einer der ältesten seiner Art in Europa.

Der Minyona-Turm besitzt seine eigene Legende. Es heißt, im 11. Jahrhundert habe sich die Tochter des ersten Vicomte in den Vogt einer nahegelegenen maurischen Festung verliebt. In seiner Leidenschaft entsagte dieser dem Islam, doch die Burgherren weigerten sich dennoch, ihm ihre Tochter zu überlassen. Da diese ihren Liebsten genausowenig aufgeben wollte, wurde sie im Minyona-Turm eingemauert, wo sie nur über einen stummen Diener Kontakt zur Außenwelt hatte. Das Mädchen blieb jedoch standhaft und zog es vor, in Gefangenschaft zu sterben. Vielleicht ist es ihr Geist, der von Zeit zu Zeit Zimmer 712 des Paradors heimsucht: ein trauriges und friedliches Gespenst, das sich in seiner Verliebtheit darauf beschränkt, so diskret wie möglich Fenster und Türen zu öffnen, ohne weiteren Schaden anzurichten.

In Cardona fühlt man buchstäblich die Geschichtsträchtigkeit des Ortes. Der Reisende

CARDONA

Ludwig von Aquitanien, der Erbe Karls des
Großen, besetzte 798 den Ort und sorgte
für dessen Wiederaufbau. Während der
Aufstände von Aissó und Almansor wurde
er erneut verlassen, bis ihn Borrell II. 986 in
Besitz nahm. Die von der Grafschaft Barce-
lona abhängigen Vicomtes von Osona über-
nahmen die Festung und gründeten die
Dynastie der Cardona, die bis Ende des 17.
Jahrhunderts fortbestand. Das bedeutendste
Bauwerk der Anlage ist die 1040 geweihte
romanisch-lombardische Stiftskirche San
Vicente. Erwähnenswert sind auch der alte
Bergfried, der legendäre Minyona-Turm,
und das Refektorium des alten Klosters, das
heute als Speisesaal dient.

durchstreift das Labyrinth von Gängen, das durch
die Überlagerung verschiedener Bauwerke entstan-
den ist. Mit wenigen Schritten gelangt er von der
lombardischen Romanik der dreischiffigen Stiftskirche mit ihren Gräbern der Grafen und Herzöge
von Cardona zur Kirche aus dem 11. Jahrhundert,
die sich auf den gut erhaltenen Ruinen eines römischen Patios erhebt. Nur wenig weiter stößt er auf
einen gotischen Kreuzgang aus dem 15. Jahrhundert. Auf dem Weg zum Eingang passiert er das
Bollwerk des heiligen Petrus und die Teufelsloge.
Feierlich gestimmt, betritt er den kleinen Raum, in
dem 1240 Ramón Nonato aus der Familie der Herzöge von Cardona starb. Heute befindet sich hier
eine Kapelle.

– Wenn er ein Cardona war, warum wird er
dann Nonato genannt?
– Weil er durch Kaiserschnitt nach dem Tod seiner Mutter zur Welt kam, was man als Wunder
betrachtete. Er ist Schutzpatron der Schwangeren,
die am Fest des Heiligen, dem 31. August, dreimal
das ihm geweihte Heiligtum an der Straße nach
Berga umkreisen und darum bitten, daß ihre Stunde
leicht sein möge.

In Cardona ist die Geschichtsträchtigkeit
des Ortes nahezu greifbar.

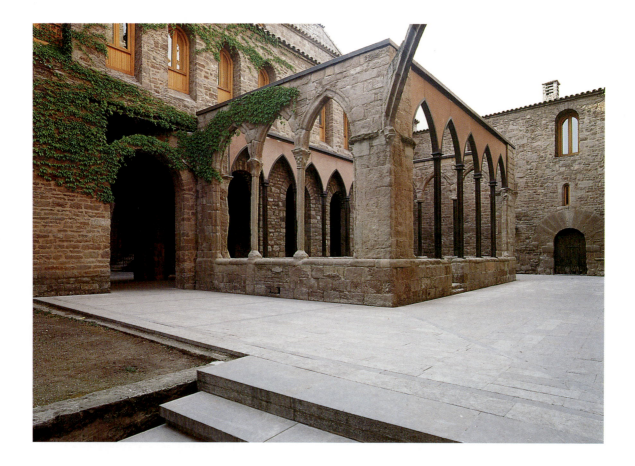

In dem mächtigen Gewölbe des Speisesaales Escudella versucht er einen katalanischen Eintopf und Zicklein, dazu Wein aus dem Penedès. Zum Dessert genehmigt er sich eine mit Karamelkruste überzogene Crema catalana. Daraufhin begibt er sich unter dem Baldachin seines Bettes, umgeben von der Ruhe der Felder unter dem hohen Sternenhimmel, zur Ruhe.

Am nächsten Tag macht sich der Reisende auf den Weg zu dem 50 Kilometer entfernte Kloster Montserrat, ein Ort von speziellem Interesse für Musik- und Literaturliebhaber: Montserrat soll Richard Wagner zu seiner Oper Parsifal inspiriert haben, und Goethe bemerkte, daß nirgends auf der Welt Glück und Frieden zu finden sei wie in Montserrat.

Ansicht der Stiftskirche in Cardona, die ein Meisterwerk des sogenannten Primer Art Romànic oder romanisch-lombardischen Stils in Katalonien darstellt. Die Kirche ist dreischiffig, besitzt drei Apsiden am Chorhaupt und eine große Vierung mit zentralem Kuppelgewölbe.

Folgende Seiten:
Perspektivische Ansichten der Stiftskirche San Vicente im Parador von Cardona. Faszinierend sind die drei romanisch-lombardischen Schiffe der Kirche mit den Gräbern der Grafen und Herzöge von Cardona.

Salzmine bei Cardona und Panoramablick über die Stadt.

TORTOSA

Auf dem Castillo de la Zuda lebten drei Herrscher, die für die Geschichte Spaniens von größter Bedeutung waren: Abd ar-Rahman III., der 944 den Brunnen – arabisch Zuda – bauen ließ, der der Festung ihren Namen gab, Graf Ramón Berenguer IV., der 1148 Tortosa den Arabern entriß, und König Jaime I. Danach ging die Burg in den Besitz der Templer über.

Als der Reisende den hufeisenförmigen Bogen des Tores hinter sich gelassen hat, fühlt er sich in frühere Jahrhunderte versetzt. Vom Fenster seines Zimmers aus betrachtet er die geschichtsträchtigen Mauern, während die Sonne über dem Ebro immer höher steigt. Hier weitet sich der Fluß zu einem Delta aus Sümpfen und Reisfeldern, das bereits das nahe Mittelmeer ahnen läßt.

Der Reisende richtet die Augen zum wolkenlosen blauen Himmel, an dem er immer wieder Flamingos, Enten, Falken, Reiher und Möwen entdeckt, und stellt sich vor, wie Abd ar-Rahman auf dem Gipfel seines Ruhms an diesem oder einem ähnlichen Fenster gestanden haben mochte. Nachdem er die christlichen Königreiche der iberischen Halbinsel geschlagen hatte, bemühte sich die gesamte Christenheit um seine Freundschaft. So beobachtete er vielleicht von hier aus, wie sich die Botschafter Byzanz', Frankreichs, Deutschlands oder einer der italienischen Städte näherten. Abd ar-Rahman »war hellhäutig mit dunkelblauen Augen, mittelgroß, wohlproportioniert und von elegantem Körperbau; sein Haar färbte er schwarz«, schreibt der Chronist Ben Idhari. Dies tat er wohl für die Geliebte in Córdoba, das vermutet zumindest der Reisende und stellt sich vor, wie die weite Landschaft La Zudas, die sich ohne Begrenzung bis zum Horizont erstreckt, den Kalifen zu seinen sehnsuchtsvollen Versen inspirierte.

> Heute, fern von meiner Geliebten,
> kennt mein Schmerz kein Heilmittel.
> Die Rose stimmt mich traurig,
> die Lilie bringt mir keine Linderung.
> Meine Nächte, die mir einst so köstlich schienen,
> sind häßlich geworden wie Fratzen.
> Nie werden deine Wünsche sich erfüllen,
> nie werden deine Sorgen dich verlassen.

Ramón Berenguer IV., König von Aragón und Graf von Barcelona, eroberte die Burg von den Mauren. Es gelang ihm nicht nur, seine mächtigen Nachbarn zu beiden Seiten der Pyrenäen in Schach zu halten, sondern auch, die Küste der Levante zu gewinnen. Mit 47 Jahren fand er schließlich in Italien in einem piemontesischen Dorf bei dem Versuch, Kaiser Friedrich zu verraten, den Tod.

Jaime I. war der dritte Eroberer, der die Wasser der Zuda trank und an den Fenstern des Turmes mit dem schönen Namen Punta del Diamante von neuen Eroberungen träumte, während er auf die endlosen Ebenen des Deltas hinaussah. Hier plante er, nachdem die Balearen bereits in seiner Hand waren, die Eroberung von Morella und Peñíscola,

TORTOSA

Die Burg liegt auf einem Hügel über dem Ebro. Hier stand einst ein iberisches Fort, das von den Römern und später, im Jahre 714, kurz nach ihrer Ankunft in Europa, auch von den Mauren ausgebaut wurde. Nach der Rückeroberung durch Graf Ramón Berenguer IV. im Jahre 1148 wurde die Festung unter Jaime I. königliche Residenz und Bischofssitz. Von der Burg aus genießt man einen hervorragenden Blick auf die katalanisch-gotische Kathedrale. Im Laufe ihrer Geschichte war die Burg königliches Gefängnis und gehörte eine Zeitlang dem Templerorden.

*Dämmerung über Tortosa. Im Hintergrund der Parador. Auf diesem Hügel befand sich einst
das prähistorische »Ilercavón«, das später römische Akropolis wurde.*

die ihm den Landweg nach Valencia öffnen sollte. Als er schließlich das gesamte, seinem Königreich zugewiesene Gebiet unter seine Kontrolle gebracht hatte, blieb ihm noch genügend Kraft, Kastilien großzügig bei der Eroberung Murcias zu unterstützen und schließlich sogar einen Kreuzzug ins heilige Land zu entsenden. Nur seine Söhne aus zwei verschiedenen Ehen konnte er nicht bändigen, und so kam es nach seinem Tod zum Streit unter ihnen.

Unter der Herrschaft Alfons II. beteiligten sich die Templer aktiv an dem Feldzug gegen Mertín, Alhambra und Caspe. Für ihre Dienste erhielten sie den dritten Teil von Tortosa und den fünften von Lleida. Guillem de Monredón, Großmeister der Templer in Aragón, unterstützte Jaime I., solange dieser minderjährig war. Später half er ihm bei der Eroberung von Mallorca und Valencia. Als der Orden aufgelöst werden sollte, weigerten sich die Templer zu kapitulieren und verschanzten sich in ihren Burgen. Ohne Unterstützung von außen fiel in Aragón eine Festung der Templer nach der anderen. Allerdings endeten die Verteidiger nicht wie ihre französischen Glaubensbrüder auf dem Scheiterhaufen, da das Konzil von Tarragona sie für unschuldig erklärt hatte. La Zuda erlebte den Untergang der Templer im Jahre 1294 nicht mehr, da König Jaime II. diese und andere Burgen in der Gegend im Austausch gegen Peñíscola und andere Besitzungen von den Templern erworben hatte.

Beim Mittagessen genießt der Reisende ausgiebig die berühmten Delikatessen aus dem Delta. Besonders für Aal ist die Region bekannt. Dann spaziert er auf den Wehrgängen bis zur Artilleriebastion, die einen hervorragenden Blick auf die nur einen Steinwurf weit entfernten Dächer der gotischen Kathedrale gewährt. Er geht schließlich noch in den Ort hinunter, um sich die Kirche von innen anzusehen, deren Chorumgang und Retabel man ihm besonders empfohlen hat.

Vorhergehende Seiten:
*Der Parador von Tortosa befindet sich
im Castillo de la Zuda, Tarragona.*

Gegenlichtaufnahme im Parador von Tortosa.

*Wie ein Mosaik aus Glasbausteinen wirkt dieses
Bild, aufgenommen im Parador von Tortosa.
Die Spiegelungen wirken auf den Betrachter
wie eine Fata Morgana über dem Ebro.*

*Mit der Fähre gelangt man überraschend
schnell aus dem Ebrodelta ans offene Meer.*

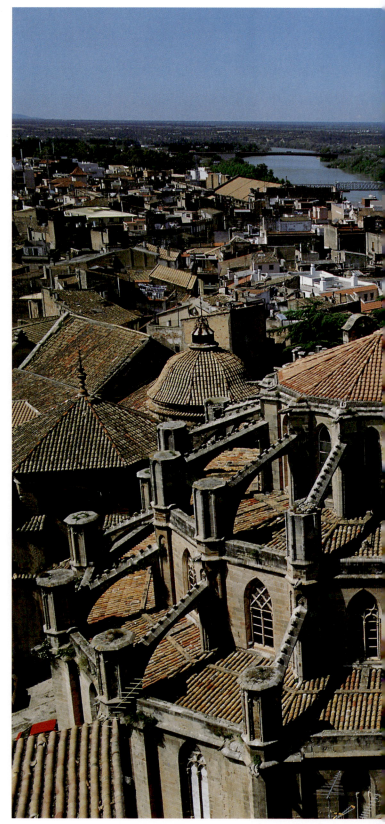

*Der Ebro bahnt sich seinen Weg durch
die Stadt. Im Vordergrund die prächtige
gotische Kathedrale von Tortosa.*

ALCAÑIZ

Schon aus einer Entfernung von vielen Kilometern sieht man Alcañiz wie einen nackten, ockerfarbenen Felsblock aus dem Grün der Bäume ragen. Lange bevor die kleine Stadt am Fuße des Hügels auftaucht, sieht man die Burg und ihre mächtigen Mauern. In ihrem Inneren bergen sie einen aragonesischen Palast aus dem 18. Jahrhundert mit einem quadratischen Grundriß, Ecktürmen und zahlreichen Balkonen.

Nachdem er den Ort hinter sich gelassen hat, erklimmt der Reisende den Hügel Pui-Pinos. Dreimal muß er auf der Straße den Berg umkreisen, bis er schließlich auf die weitläufige obere Esplanade gelangt.

Vor dem Betreten der Anlage lohnt es sich, von diesem Adlernest aus einen Blick auf die weite Landschaft zu werfen. Obstgärten und Olivenhaine, Brachland und Wälder wechseln sich ab, unter dem wolkenlosen Himmel glitzern die Flüsse. Wie viele historische Gestalten haben diese Aussicht bereits genossen! Der Tiger des Maestrazgo hielt sich hier auf, der berühmte Kriegsherr der Karlistenkriege des 19. Jahrhunderts; Alfons der Schlachtenkämpfer, der 1126 die Stadt gründete und die Burg errichten ließ; die Brüder Fruela und Pelayo, die ersten beiden Burgherren; Ramón Berenguer IV., der die Festung von den Mauren zurückeroberte; und schließlich befand sich hier seit 1179 die aragonesische Komturei der Ritter von Calatrava. 1411 erlangte die Festung historische Bedeutung ersten Ranges, als in ihren Mauern der sogenannte Kompromiß von Caspe geschlossen wurde. Auch Kaiser Karl V., dieser rastlose Wanderer, war hier zu Gast.

Ergriffen von den Gedanken an diese heroische Vergangenheit, betritt der Reisende den Parador. Nachdem er sich in seinem Zimmer eingerichtet hat, überquert er den baumbestandenen Innenhof, um zu den ältesten Teilen der Burg zu gelangen: dem mächtigen Bergfried, der von den Rittern von Calatrava errichtet worden war und dem gotischen Kreuzgang, der im Orginalzustand erhalten geblieben ist. Nach außen wirkt der Turm abweisend, doch innen gibt er sich angenehm wohnlich. Im ersten Stock bewundert der Besucher die Wandfresken aus dem 14. Jahrhundert, die in lebhaften Farben an das Leben erinnern, das sich einst in diesen Mauern abspielte. Ein Troubadour, ein Delphin, ein Hahn, ein Ritter, ein Fuchs, ein Gelehrter – alle geben sich hier ein Stelldichein. Rätsel gibt das dreifache Porträt eines Königs auf, das stets das gleiche Motto wiederholt: *Regnabo, regno y regnavi* (Ich werde regieren, ich regiere, ich habe regiert).

Über eine steile Treppe erreicht man das zweite Zwischengeschoß des Turmes. Durch ein sich nach außen verengendes doppeltes Bogenfenster fällt das Sonnenlicht herein. Neugierig auf den Blick, der sich ihm bieten wird, späht der Reisende durch die Öffnung. Die roten und grauen Dächer von Alcañiz sind so weit entfernt, daß der Lärm der Stadt nur wie durch Watte gedämpft zu ihm dringt. Dahinter erstreckt sich die Ebene von Guadalupe mit ihren ordentlichen Obstgärten und Wäldchen. In der

---

ALCAÑIZ

Der Parador von Alcañiz befindet sich in einer Burg, die Alfons II. 1179 dem Orden von Calatrava stiftete, der dort eines seiner befestigten Klöster errichtete. Die Anlage besitzt einen mächtigen Bergfried mit gotischen Malereien und eine bemerkenswerte Kirche mit einem Grabmal des Meisters Forment. 1728 ließ Prinz Philipp, ein Sohn Philipps V., die Burg umbauen, um sie wohnlicher zu gestalten, wobei unter anderem ein schöner Barocksalon entstand.

Der Parador von Alcañiz befindet sich in der Burg.

*Die Burg in Alcañiz beherbergt eine romanische Kirche mit einem einzigartigen Kunstwerk, dem von Damià Forment
geschaffenen Platerograbmal des Vizekönigs von Aragón, des Komturs Juan de Lanuza.*

Ferne verschwimmt der Horizont zu einem Blau, das die Unterscheidung zwischen Himmel und Mittelmeer unmöglich macht.

Mit diesem Bild vor Augen betritt der Besucher die romanische Kirche der Burg. Hier befindet sich ein einzigartiges Kunstwerk, das Platerograbmal des Vizekönigs von Aragón, des Komturs Juan de Lanuza – ein Werk des Bildhauers Damiá Forment. Die feingliedrige Alabasterskulptur aus dem Jahre 1537 wurde früher von Darstellungen der Stärke und der Mäßigkeit flankiert. Aus Sicherheitsgründen werden diese heute im Rathaus aufbewahrt. Einst Burg und danach Palast, wurde die Anlage später zum Gefängnis und verfiel schließlich zur Ruine.

Hungrig begibt sich der Reisende zum Mittagessen. Zum gebratenen Milchlamm genießt er Stampfkartoffeln mit Petersilie und Knoblauch und einen Wein aus Cariñena, der so robust und kräftig ist wie die Erde, die ihn hervorbringt. Zum Dessert gönnt er sich »tetas de Santa Águeda«, eine lokale Spezialität, die er auf der Speisekarte entdeckt hat, und die sich als so köstlich erweist, wie ihr Name verspricht.

Der Nachmittag ist einem Spaziergang durch den Ort vorbehalten, nicht zuletzt zur Besichtigung der Stiftskirche aus dem 18. Jahrhundert und des Rathauses aus dem 16. Jahrhundert. Die Stiftskirche ist ein Meisterwerk barocker Inszenierkunst, ein steinernes Altarbild, eine reine Fassade. Das Rathaus dagegen, ein schlichtes, dreistöckiges Bauwerk, gibt sich nüchtern und feierlich, ein Eindruck, der nur durch den Lärm der geflügelten Bewohner des Vordaches und die grellen Farben des Stadtwappens aufgelockert wird.

Als der Abend hereinbricht, beobachtet der Reisende in der Stadt Schwärme von Krähen und Schwalben, die sich zum Zug nach Süden sammeln. Auch für den Reisenden geht nun der Sommer seinem Ende zu. Am nächsten Tag ist der Himmel leicht bewölkt, der Reisende begibt sich auf den Rückweg in seine nördliche Heimat. Die Erinnerungen an die Orte, die er besucht hat, werden ihn begleiten, und eines Tages wird er zurückkehren, denn es bleibt noch viel zu sehen. Wie der Weise sagt: Flüchtig ist die Spur des Menschen auf dieser Erde, und nur dem Wißbegierigen ist es vergönnt, der Zeit ein Schnippchen zu schlagen, jenem Tyrann, der Tag für Tag an uns zehrt und dem wir schließlich unterliegen müssen.

Die Kathedrale von Alcañiz vom Parador aus gesehen.

Folgende Seiten:
Alcañiz feiert den Tag des heiligen Georg.

Die beiliegende Karte soll es dem Leser erleichtern, sich auf der faszinierenden Reise zu den 29 ausgewählten historischen Paradores zurechtzufinden. Als imaginärer Reisender wird er so die unterschiedlichsten Regionen Spaniens kennenlernen.

Ein möglicher Ausgangspunkt ist wie beschrieben Hondarribia. Im milden Klima Navarras und León bewegt der Reisende sich parallel zur kantabrischen Küste, bis er Galicien erreicht. Der eingezeichneten Route folgend, gelangt er über Zamora und Salamanca nach Extremadura. Der Weg führt vom äußersten Norden bis in den tiefsten Süden, von den kühlen, fjordähnlichen Buchten Galiciens zur glühenden Sonne Andalusiens, von Kastilien und der Mancha über Aragón nach Katalonien, wo das Ebrodelta ins Meer mündet.

Dies ist die Einladung zu einer eindrucksvollen und erlebnisreichen Reise, die man nicht so schnell vergessen wird.

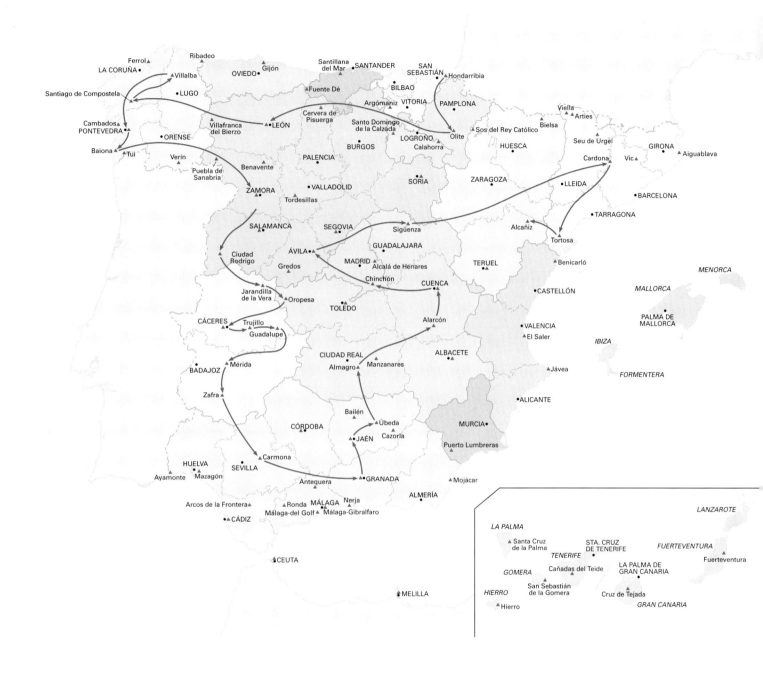

PARADORES DE TURISMO
ADRESSENVERZEICHNIS

Name:
Parador de Aiguablava.

Adresse:
Platja d'Aiguablava, 17255 Bagur (Girona).

Beschreibung:
Moderner, funktioneller Bau, der sich hervorragend an die Pinienwälder und Buchten der Umgebung anpaßt. Der ideale Ort für den Sportler wie für den Ruhesuchenden.

Name:
Parador de Alarcón.

Adresse:
Avda. Amigos de los Castillos, 3, 16213 Alarcón (Cuenca).

Beschreibung:
Mittelalterliche Festung, die sich über der Ebene im Grenzgebiet zwischen der Mancha und der Levante erhebt. Regionale Küche aus der Mancha.

Name:
Parador de Albacete.

Adresse:
CN- 301, Km 251, 02000 Albacete.

Beschreibung:
Landgut im Herzen der Mancha. Die ruhige Umgebung bietet die idealen Bedingungen, um sich zu erholen. Ausgezeichnete Küche.

Name:
Hostería de Alcalá de Henares.

Adresse:
Colegios, 3, 28801 Alcalá de Henares (Madrid).

Beschreibung:
Früheres Colegio Menor de San Jerónimo, geht auf Cisneros zurück. Wichtiges historisches Ensemble in der Nähe von Madrid, das man sich auf keinen Fall entgehen lassen sollte.

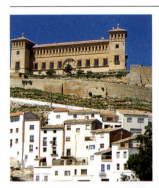

Name:
Parador de Alcañiz.

Adresse:
Castillo Calatravos, s/n, 44600 Alcañiz (Teruel).

Beschreibung:
Befestigtes Kloster des Ordens von Calatrava in der Sierra de Maestrazgo. Organisierte Ausflüge und sportliche Aktivitäten. Zahlreiche gotische, platereske und barocke Kunstschätze.

Name:
Parador de Almagro.

Adresse:
Ronda San Francisco, 31, 13270 Almagro (Ciudad Real).

Beschreibung:
Mittelalterliches Kloster, von dem aus die interessantesten Sehenswürdigkeiten der Stadt leicht zu erreichen sind. In der Umgebung sind besonders die Tablas de Daimiel einen Besuch wert. Im Juli findet hier im berühmten Corral de Comedias das internationale Festival des klassischen Theaters statt.

Name:
Parador de Antequera.

Adresse:
Pº García del Olmo, s/n, 29200 Antequera (Málaga).

Beschreibung:
Modernes Gebäude mit schönen, schattigen Gärten, inmitten einer fruchtbaren Ebene. Ganz in der Nähe befinden sich die berühmten Kalksteinfelsen von Antequera. Alle wichtigen Städte Andalusiens sind von hier aus leicht zu erreichen. Helle, großzügige Innenräume.

Name:
Parador de Arcos de la Frontera.

Adresse:
Pza. del Cabildo, s/n, 11630 Arcos de la Frontera (Cádiz).

Beschreibung:
Gebäude im einheimischen Stil am Ufer des Guadalete mit Blick auf die Ebene und die Altstadt von Arcos. Ganz in der Nähe von Jerez de la Frontera gelegen, idealer Ausgangspunkt für einen Besuch der Pueblos Blancos. Bemerkenswert die andalusischen Fliesen und die Schmiedearbeiten.

Name:
Parador de Argómaniz.

Adresse:
Ctra. N-1, km 363, 01192 Argómaniz (Álava).

Beschreibung:
Renaissancepalast in der Ebene von Álava. Von hier aus kann man das Städtchen Argómaniz und die Sierra de Gorbea besuchen. Das rustikale Mobiliar sorgt für ein besonderes Ambiente, während die Fassade von schlichter Schönheit ist.

Name:
Parador de Artíes.

Adresse:
Ctra. Baqueira Beret, 25599 Artíes (Lleida).

Beschreibung:
Ein Refugium der Stille und Muße, das dem Reisenden Erholung beschert. Ein Ort im Herzen der katalanischen Pyrenäen, in dem der Wald alles dominiert.

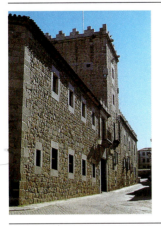

Name:
Parador de Ávila.

Adresse:
Marqués de Canales de Chozas, 2 05001 Ávila.

Beschreibung:
Direkt an den Stadtmauern gelegener Palast. Mit seinen Mauern und Böden aus Granit und luftgetrockneten Ziegeln sowie den mit Baldachinen ausgestatteten Betten besitzt er eine besondere Atmosphäre.

Name:
Parador de Ayamonte.

Adresse:
El Castillito, s/n, 21400 Ayamonte (Huelva).

Beschreibung:
Modernes Refugium für den Erholungssuchenden oberhalb von Ayamonte bei Huelva. Fisch und Meeresfrüchte sind hier besonders schmackhaft.

Name:
Parador de Baiona.

Adresse:
36300 Baiona (Pontevedra).

Beschreibung:
Das Gebäude stellt eine Mischung aus Herrensitz und mittelalterlicher Festung dar, die sich besonders gut in die Landschaft einfügt. Panoramablick auf den Atlantik.

Name:
Parador de Benavente.

Adresse:
Pza. Ramón y Cajal, s/n, 49600 Benavente (Zamora).

Beschreibung:
Renaissanceschloß, innerhalb der alten Stadtmauern gelegen. Erwähnenswert sind Teppiche und Schmiedearbeiten in den Innenräumen sowie die Kassettendecken im Mudéjarstil, die den Räumen eine solide Schlichtheit verleihen. Ausflüge zu den romanischen Kirchen von Zamora.

Name:
Parador de Benicarló.

Adresse:
Avda. Papa Luna, 5, 12580 Benicarló (Castellón).

Beschreibung:
Moderne Räume mit Blick auf die Mittelmeerküste der Costa del Azahar. Schöne Grünanlagen mit Palmen und Freizeiteinrichtungen wie Schwimmbad, Tennisplatz und Grillplatz.

Name:
Parador de Bielsa.

Adresse:
Valle de la Pineta, s/n, 22350 Bielsa (Huesca).

Beschreibung:
Moderner Bau im Herzen der Pyrenäen. In der Umgebung vereinen sich saubere Luft, kristallklares Wasser und schlichte romanische Kirchen zu einer idyllischen Landschaft, die Ruhe und Frieden ausstrahlt.

Name:
Parador de Cáceres.

Adresse:
Calle Ancha, 6, 10003 Cáceres.

Beschreibung:
Palast arabischen Ursprungs mitten in der historischen Altstadt. Gotik, Renaissance und Barock verschmelzen hier zu einem Ensemble von unerwarteter Schönheit, das in prächtigem Einklang mit den Türmen, Kirchen und Palästen der Umgebung steht.

Name:
Parador Hotel Atlántico. Cádiz.

Adresse:
Avda. Duque de Nájera, 9, 11002 Cádiz.

Beschreibung:
Moderner Tourismuskomplex mit Blick auf das Meer und die Bucht von Cádiz. Großzügige Zimmer und Salons für Veranstaltungen aller Art.

Name:
Parador de Calahorra.

Adresse:
Pº Mercadal, 26500 Calahorra (La Rioja).

Beschreibung:
Oberhalb des Tales von Cidacos am Ufer des Ebro gelegen, integriert sich der moderne Bau hervorragend in den alten Ort römischen Ursprungs. Besonders die Kathedrale lohnt einen Besuch. Die Küche der Rioja zeigt sich hier von ihrer besten Seite.

Name:
Parador de Cambados.

Adresse:
Pº Calzada s/n, 36630 Cambados (Pontevedra).

Beschreibung:
Galicisches Gutshaus aus dem Barock inmitten der grünen Felder der Rías Baixas. Die Pinienwälder und Strände der galicischen Küste machen den Aufenthalt im Sommer hier besonders angenehm. Besonders attraktiv wird der Ort durch die Nähe der Isla de la Toxa.

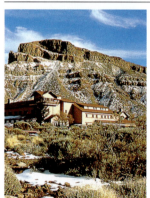

Name:
Parador de Cañadas del Teide.

Adresse:
Las Cañadas del Teide, 38300 La Orotava (Tenerife).

Beschreibung:
Bergchalet in einer Höhe von über 2000 Metern über dem Meeresspiegel mit Sicht auf den Teide, La Caldera und die Montaña Blanca. Einziges Gebäude innerhalb des Nationalparks. Alle Zimmer mit Panoramabalkon. Typisch kanarische Küche.

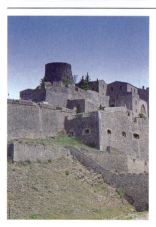

Name:
Parador de Cardona.

Adresse:
08261 Cardona (Barcelona).

Beschreibung:
Eindrucksvolle Burg oberhalb der Stadt Cardona. Turm und romanische Kirche innerhalb der Anlage. Das gesamte Ensemble sowie die Ausstattung der Zimmer versetzen den Gast zurück in die Blütezeit des Mittelalters.

Name:
Parador de Carmona.

Adresse:
Alcázar s/n, 41410 Carmona (Sevilla).

Beschreibung:
Arabische Festung im Flußtal des Corbones. Fliesen und Schmiedearbeiten in klassisch sevillanischer Tradition. Sehenswerte Sammlung antiker Teppiche und Möbel. Von der künstlerischen Ausgestaltung her eines der schönsten Häuser.

Name:
Parador de Cazorla.

Adresse:
Sierra de Cazorla, s/n, 23470 Cazorla (Jaén).

Beschreibung:
Mitten in den Pinienwäldern der Sierra de Cazorla gelegen. Durch die ruhige Lage und die schöne natürliche Umgebung besonders zur Erholung geeignet. Die Einrichtung steht in der Tradition der andalusischen Gutshäuser.

Name:
Parador de Cervera de Pisuerga.

Adresse:
Ctra. de Resova, km 2,5, 34840 Cervera de Pisuerga (Palencia).

Beschreibung:
Eine großartige Landschaft mit den Picos de Europa und dem Stausee von Ruesga umgibt dieses moderne Gebäude. Die Ausstattung ist geschmackvoll und elegant und paßt sich ganz der Umgebung an.

Name:
Parador Hotel La Muralla.

Adresse:
Pza. Ntra. Sra. de África, 15, 11701 Ceuta

Beschreibung:
Modernes Gebäude direkt an den Murallas Reales im Zentrum von Ceuta. Die Zimmer des Paradors sind mit den erhalten gebliebenen alten Gewölbedecken ausgestattet. Panoramablick auf das Meer.

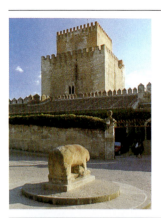

Name:
Parador de Ciudad Rodrigo.

Adresse:
Pza. Castillo, 1, 37500 Ciudad Rodrigo (Salamanca).

Beschreibung:
Oberhalb des Flußtales des Agueda gelegene Burg aus dem 14. Jahrhundert, deren Bergfried sich majestätisch gegen den Horizont abzeichnet. Idealer Ausgangspunkt für einen Besuch dieser an Sehenswürdigkeiten reichen Stadt in der Provinz Salamanca. Im Salon steinerne Arkaden von hohem künstlerischem Wert.

Name:
Parador de Córdoba.

Adresse:
Avda. de la Arruzafa, s/n, 14012 Córdoba.

Beschreibung:
Das moderne Gebäude erhebt sich auf den Ruinen eines Sommerpalastes von Abd ar-Rahman in den Bergen von Córdoba. Mit den schönen Grünanlagen der ideale Aufenthaltsort, um im Sommer der Hitze der Stadt zu entgehen.

Name:
Hostería de Cruz de Tejeda.

Adresse:
35328 Cruz de Tejeda, Isla de Gran Canaria (Las Palmas).

Beschreibung:
Typisch kanarische Villa mitten in den schroffen Bergen der Insel mit ihren Schluchten und Steilhängen. Hier genießt man die Natur und das hervorragende Klima der Inseln.

Name:
Parador de Cuenca.

Adresse:
Pº de la Hoz del Huécar, s/n, 16001 Cuenca.

Beschreibung:
Ehemaliges Kloster aus dem 16. Jahrhundert an den Steilhängen von Cuenca. Erwähnenswert der Kreuzgang und die alte Kapelle. Dort befindet sich heute ein Café, in dem man in aller Ruhe seinen Gedanken nachhängen kann.

Name:
Parador de Chinchón.

Adresse:
Avda. Generalísimo, 1, 28370 Chinchón (Madrid).

Beschreibung:
Früheres Kloster aus dem 17. Jahrhundert inmitten der Altstadt dieses für die Gegend von Madrid typischen Ortes. Direkt an der Plaza Mayor, einem besonders schönen Beispiel für volkstümliche Architektur. Der innere Kreuzgang dient heute als Café.

Name:
Parador de Ferrol.

Adresse:
C/ Almirante Fernández Martín, s/n, 14401 Ferrol (La Coruña).

Beschreibung:
Der Bau ist im maritimen Stil gehalten und fügt sich daher hervorragend in die galicische Hafenstadt ein. Nautische Elemente finden sich sowohl in den Zimmern als auch in den Salons und im Haupttreppenhaus. Wunderschöner Blick auf den Hafen.

Name:
Parador de Fuente Dé.

Adresse:
Fuente Dé, 39588 Fuente Dé (Cantabria).

Beschreibung:
Modernes Gebirgsrefugium am Fuße der Picos de Europa. Besonders erwähnenswert die Seilbahn zum Mirador von Aliva. Innenausstattung im klassischen Gebirgsstil. Aktivitäten in der Natur wie Wanderungen, Paragliding etc.

Name:
Parador de Fuerteventura.

Adresse:
Isla de Fuerteventura, Playa Blanca, 4535610 Fuerteventura (Las Palmas).

Beschreibung:
Von Palmen umgebenes Gebäude im Kolonialstil in der Nähe von Playa Blanca. Blick auf die exotische Vulkanlandschaft der Insel.

Name:
Parador de Gijón.

Adresse:
Parque Isabel la Católica, s/n, 33203 Gijón (Asturias).

Beschreibung:
Der Parador befindet sich im ruhigen Zentrum eines Stadtparks in einer alten Mühle. Nahe des Strandes von San Lorenzo und des Küstenviertels Cimadevilla gelegen.

Name:
Parador de la Gomera.

Adresse:
38800 San Sebastián de la Gomera, Isla de La Gomera (Santa Cruz de Tenerife).

Beschreibung:
Typisch insulare Architektur der Insel. Von hier aus entdeckt man die paradiesische Landschaft der Insel. In den Innenräumen erinnern maritime und nautische Elemente an die Zeit von Kolumbus.

Name:
Parador de Granada.

Adresse:
Real de la Alhambra, s/n, 18009 Granada.

Beschreibung:
Kloster aus dem 15. Jahrhundert am Rande der Gärten der Alhambra. In den Innenräumen verbinden sich arabische und christliche Elemente. Von den Balkonen blickt man auf den Albaicín und den Generalife.

Name:
Parador de Gredos.

Adresse:
Ctra. Barraco de Béjar, km 43, 05132 Gredos (Ávila).

Beschreibung:
Modernes Gebäude mitten in der Sierra de Gredos, mit ihren kristallklaren
Flüssen, Felshängen und grünen Pinienwäldern. Der älteste Parador in Spanien.

Name:
Parador de Guadalupe.

Adresse:
C/ Marqués de la Romana, 10, 10140 Guadalupe (Cáceres).

Beschreibung:
Das klosterartige Gebäude beherbergte einst ein Hospital aus dem 15. Jahr-
hundert und steht heute dem Reisenden zur Verfügung, der das schöne, unter
Denkmalschutz stehende Guadalupe kennenlernen will.

Name:
Parador de Hierro.

Adresse:
Las Playas, s/n, 38900 El Hierro (Santa Cruz de Tenerife)

Beschreibung:
Moderner Parador, dessen Ausmaße buchstäblich bis an das klare Wasser des
Atlantiks reichen, der die Vulkaninsel umgibt.

Name:
Parador de Hondarribia.

Adresse:
Pza. de Armas, 14, 20280 Hondarribia (Guipúzcoa).

Beschreibung:
Der Parador befindet sich in einem prächtigen befestigten Schloß, in dem die Struktur der mittelalterlichen Festung aus dem 10. Jahrhundert erhalten geblieben ist. Die Fenster in den dicken Mauern öffnen sich auf die französische Küste und das Meer.

Name:
Parador de Jaén.

Adresse:
Castillo de Santa Catalina, 23001 Jaén.

Beschreibung:
Auf dem Berg Santa Catalina erhebt sich das Schloß aus dem 18. Jahrhundert, das heute Parador ist. Hier wurde die andalusische Renaissance geboren. Großartiger Panoramablick über die Stadt.

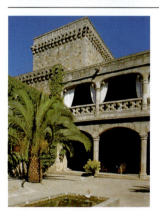

Name:
Parador de Jarandilla de la Vera.

Adresse:
Avda. García Prieto, 1, 10450 Jarandilla de la Vera (Cáceres).

Beschreibung:
Befestigter Palast im Zentrum der grünen Landschaft der Vera und des Tiétar, in dem einst Karl V. lebte. Eichenwälder, Schluchten und Kastanienwälder bilden den würdigen Rahmen für das königliche Schloß.

Name:
Parador de Jávea.

Adresse:
Avenida del Mediterráneo, 7, 03730 Jávea (Alicante).

Beschreibung:
Modernes Gebäude im Norden der Costa Blanca an den Stränden des Mittelmeers. Der ideale Ort für Wassersport. Besonders attraktiv die Palmengärten der Umgebung.

Name:
Parador Hostal San Marcos.

Adresse:
Pza. San Marcos, 7, 24001 León.

Beschreibung:
Früheres Kloster des Ordens von Santiago, das als Hospital diente. Die plateresken Fassaden machen den Parador zu einem Juwel der Kunst des 16. Jahrhunderts.

Name:
Parador de Málaga-Gibralfaro.

Adresse:
Castillo de Gibralfaro, s/n, 29016 Málaga.

Beschreibung:
Steinernes Bauwerk, das sich auf dem Berg Gibralfaro gegenüber der Alcazaba erhebt. Blick auf die Bucht und die Stadt Málaga. Besonders geeignet für sportliche Aktivitäten wie Golf, Tennis usw.

Name:
Parador de Málaga-del Golf.

Adresse:
Apartado de correos 324, 29080 Málaga.

Beschreibung:
Anlage im Stil eines andalusischen Herrenhauses umgeben von einem ausgedehnten Golfplatz. Der Blick auf das Meer und die Costa del Sol machen den Aufenthalt noch angenehmer.

Name:
Parador de Manzanares.

Adresse:
Autovía de Andalucía, km 174, 13200 Manzanares (Ciudad Real).

Beschreibung:
Moderner Parador im Stil der Mancha zwischen den Lagunas de Ruidera und den Tablas de Daimiel. Ausgedehnte Garten- und Parkanlagen bilden hier ein kleines grünes Paradies inmitten der Hochebene von La Mancha.

Name:
Parador de Mazagón.

Adresse:
Playa de Mazagón, 21130 Mazagón (Huelva).

Beschreibung:
Im Nationalpark von Doñana gelegen, öffnet sich dieses moderne Gebäude am Strand von Mazagón zum Ozean hin. Hier genießt der anspruchsvolle Reisende beide Aspekte der Natur: Land und Meer.

Name:
Parador de Melilla.

Adresse:
Avda. Cándido Lobera, s/n, 29801 Melilla.

Beschreibung:
Auf einer Anhöhe mit Sicht auf die Stadtmauern erhebt sich unter der Sonne Nordafrikas inmitten weiter Strände dieser moderne Parador.

Name:
Parador de Mérida.

Adresse:
Pza. de la Constitución, 3, 06800 Mérida (Badajoz).

Beschreibung:
Kloster aus dem 18. Jahrhundert, dessen ursprüngliche Struktur erhalten geblieben ist. Hier kann man auf individuelle Weise die Kunstschätze der Stadt genießen.

Name:
Parador de Mojácar.

Adresse:
Playa de Mojácar, 04638 Mojácar (Almería).

Beschreibung:
Moderne Anlage an den Stränden von Mojácar, wo der Gast das angenehmste Mikroklima Spaniens genießen kann.

Name:
Parador de Nerja.

Adresse:
C/ Almuñecar, 8, 29780 Nerja (Málaga).

Beschreibung:
Dieser Parador hängt gleichsam wie ein Balkon über dem Meer. Die attraktive Anlage und die hellen Zimmer gewährleisten einen angenehmen Aufenthalt an dieser international beliebten Küste.

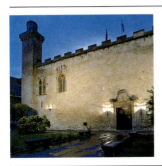

Name:
Parador de Olite.

Adresse:
Pza. Teobaldos, 2, 31390 Olite (Navarra).

Beschreibung:
Unter Denkmalschutz stehende mittelalterliche Burg aus dem
15. Jahrhundert. Eine mittelalterliche Atmosphäre vermitteln auch Möbel,
Glasfenster und Arkaden im Inneren des Paradors.

Name:
Parador de Oropesa.

Adresse:
Pza. Palacio, 1, 45560 Oropesa (Toledo).

Beschreibung:
Befestigtes Schloß aus dem 14. Jahrhundert mit langer Geschichte und großartiger
Sicht auf die Sierra de Gredos. Türme und Kolonnaden sowie das mittelalterliche
Mobiliar der Innenräume sind von hohem historischen Wert.

Name:
Parador de Pontevedra.

Adresse:
C/ Barón, 19, 36002 Pontevedra.

Beschreibung:
Renaissanceschloß aus dem 16. Jahrhundert in der reizvollen Altstadt des
galicischen Pontevedra. Die einsamen Buchten und Strände der Umgebung sind
von hier aus leicht zu erreichen.

Name:
Parador de Puebla de Sanabria.

Adresse:
Ctra. Lago, 18, 49300 Puebla de Sanabria (Zamora).

Beschreibung:
Moderner Parador in der Nähe des größten Gletschersees Europas. Idealer
Ausgangspunkt für Ausflüge in die reizvolle Umgebung. Blick auf das historische
Ensemble von Puebla de Sanabria.

Name:
Parador de Puerto Lumbreras.

Adresse:
Avda. Juan Carlos I, 77, 30890 Puerto Lumbreras (Murcia).

Beschreibung:
Entspannung und Muße findet man in diesem modernen Parador; die Schönheit
der Gegend um Murcia lassen sich von hier aus leicht erschließen.

Name:
Parador de Ribadeo.

Adresse:
C/ Amador Fernández, 7, 27700 Ribadeo (Lugo).

Beschreibung:
Galicisches Gutshaus über der Mündung des Eo mit Blick auf die Küste der Provinz Lugo. Der maritime Stil verleiht dem Haus die für die Gegend typische schlichte Eleganz.

Name:
Parador de Ronda.

Adresse:
Pza. de España, s/n, 29400 Ronda (Málaga).

Beschreibung:
Hinter der Fassade des alten Rathauses verbergen sich moderne Innenräume. Direkt an der Schlucht über dem Tajo.

Name:
Parador de Salamanca.

Adresse:
C/ Teso de la Feria, 2, 37008 Salamanca.

Beschreibung:
Am Ufer des Flusses Tormes auf einer Anhöhe mit Blick auf die Kathedrale gelegen, bietet dieser Parador Komfort und weitläufige Anlagen.

Name:
Parador de Saler.

Adresse:
Avda. de los Pinares, 151, 46012 El Saler (Valencia).

Beschreibung:
Moderner Parador mit einem der schönsten Golfplätze der Welt. Anlagen und Service garantieren angenehme Ferien für die gesamte Familie.

Name:
Parador de Santa Cruz de La Palma.

Adresse:
Avda. Marítima, 38700 Santa Cruz de La Palma, Isla de La Palma (Santa Cruz de Tenerife).

Beschreibung:
Typisch kanarisches Gebäude mit durchgehenden Balkonen, die in Richtung Stadt zeigen. Die schöne Insel La Palma läßt sich von hier aus hervorragend erschließen.

Name:
Parador Hostal de los Reyes Católicos.

Adresse:
Pza. do Obradoiro, 1, 15705 Santiago de Compostela (La Coruña).

Beschreibung:
Dieses historische Gebäude aus dem 15. Jahrhundert war einst königliches Hospital und Pilgerherberge. Heute befindet sich hier einer der komfortabelsten und schönsten Paradores Spaniens. Traumhafte Lage für den kunsthistorisch Interessierten direkt an der Kathedrale von Santiago de Compostela.

Name:
Parador de Santillana del Mar.

Adresse:
Pza. Ramón Pelayo, 11, 39330 Santillana del Mar (Cantabria).

Beschreibung:
Robustes, schlichtes Gutshaus aus Holz und Stein, in einem Ort, der unter Denkmalschutz steht.

Name:
Parador de Santo Domingo de la Calzada.

Adresse:
Pza. del Santo, 3, 26250 Santo Domingo de la Calzada (La Rioja).

Beschreibung:
In einem alten Pilgerhospital aus dem 12. Jahrhundert in der Nähe der Kathedrale. Bemerkenswert sind die eleganten, prächtigen Salons mit ihren steinernen Arkaden. Im Restaurant genießt man die exquisite Küche der Rioja.

Name:
Parador de Segovia.

Adresse:
Ctra. de Valladolid, s/n, 40003 Segovia.

Beschreibung:
Moderner Parador mit Blick auf das zum Weltkulturerbe erklärte Segovia. Ausgangspunkt für die Erschließung der reizvollen Landschaft der Umgebung. Service und Anlagen garantieren dem Gast Erholung in komfortabler Umgebung.

Name:
Parador de Seo de Urgell.

Adresse:
C/ Sant Domenec, 6, 25700 Seo de Urgell (Lleida).

Beschreibung:
Moderner Parador in einem alten Kloster, dessen Mauern, vor allem im lichtdurchfluteten Kreuzgang, von Pflanzen überwuchert sind. Blick auf die nahegelegene Kathedrale und den Fluß Segre.

Name:
Parador de Sigüenza.

Adresse:
Pza. del Castillo, s/n, 19250 Sigüenza (Guadalajara).

Beschreibung:
Mittelalterliche Burg aus dem 12. Jahrhundert, über einer arabischen Festung errichtet. Ein absolutes Muß für den Freund mittelalterlicher Städte. Die Innenräume sind schlicht und mit mittelalterlichem Mobiliar ausgestattet.

Name:
Parador de Soria.

Adresse:
Parque del Castillo, s/n, 12005 Soria.

Beschreibung:
Dieser moderne Parador eröffnet den Blick auf die Stadt und den Duero sowie die herrliche Natur der Umgebung.

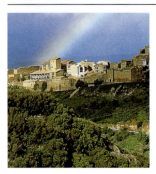

Name:
Parador de Sos del Rey Católico.

Adresse:
C/ Arq. Sainz de Vicuña, ,1, 50680 Sos del Rey Católico (Zaragoza).

Beschreibung:
Über dem kunsthistorisch bedeutenden Ort Sos del Rey Católico erhebt sich dieser Parador im Stil der aragonesischen Adelshäuser. Von hier aus blickt man auf das Vorland der Pyrenäen. Die heitere Schönheit der mittelalterlichen Stadt ist einen ausgedehnten Besuch wert.

Name:
Parador de Teruel.

Adresse:
Ctra. Sagunto-Burgos, s/n, 44080 Teruel.

Beschreibung:
Das Palais in der regionalen, vom Mudéjarstil beeinflußten Bauweise liegt außerhalb der Stadt. Marmor, Fliesen, Spitzbogen und von islamischer Kunst inspirierte Details bestimmen die Innenausstattung.

Name:
Parador de Toledo.

Adresse:
Cerro del Emperador, s/n, 45002 Toledo.

Beschreibung:
Am Rio Tajo gelegenes Gebäude, in dessen Mauerwerk sich Stein und Ziegel mischen. Man genießt einen Panoramablick über die Stadt . In den Innenräumen herrschen Fliesen, Holz, Ziegel und Stein vor. Den Besucher erwarten die Synagogen, die Kathedrale und der Alcázar Toledos.

Name:
Parador de Tordesillas.

Adresse:
Ctra. de Salamanca, 5, 47100 Tordesillas (Valladolid).

Beschreibung:
Kastilischer Adelssitz in der Nähe eines reizvollen Pinienwaldes, ein Ort der Ruhe und des Friedens von faszinierender Schönheit. Tordesillas gehört zu den historisch bedeutendsten Städten Kastiliens.

Name:
Parador de Tortosa.

Adresse:
Castillo de la Zuda, s/n, 43500 Tortosa (Tarragona).

Beschreibung:
Befestigtes Schloß aus dem 10. Jahrhundert in der Sierra de Beceite im Ebrodelta. Die künstlerische Gestaltung der im oberen Teil der Stadt gelegenen Festung geht zum Teil bis auf die Zeit Abd ar-Rahmans III. zurück.

Name:
Parador de Trujillo.

Adresse:
C/ Santa Beatriz de Silva, 1, 10200 Trujillo (Cáceres).

Beschreibung:
Ehemaliges Kloster aus dem 16. Jahrhundert in einer Stadt, die zahlreiche Eroberer hervorgebracht hat. Heute noch findet man hier die Atmosphäre der Ruhe und des Friedens, die man in einem Kloster erwartet.

Name:
Parador de Tui.

Adresse:
Avda. de Portugal, s/n, 36700 Tui (Pontevedra).

Beschreibung:
Den Blick auf die Küsten Portugals gewährt dieser Parador in einem ehemaligen galicischen Gutshaus. Stein und Kastanienholz verleihen ihm den typisch galicischen Charakter.

Name:
Parador de Úbeda

Adresse:
Pza. de Vázquez Molina, s/n, 23400 Úbeda (Jaén).

Beschreibung:
Renaissancepalais aus dem 16. Jahrhundert in einer der schönsten Städte der Provinz Jaén. Eine Einladung, die Kunstschätze der Stadt kennenzulernen.

Name:
Parador de Verín.

Adresse:
32600 Verín (Orense).

Beschreibung:
Ein weiterer Parador in einem galicischen Gutshaus, an dem der zinnenbewehrte Hauptturm auffällt. Sehr schöner Blick über die Stadt.

Name:
Parador de Vic.

Adresse:
Paraje el Bac de Sau, 08500 Vic (Barcelona).

Beschreibung:
In der Tradition der katalanischen Gutshäuser errichtet, direkt über dem Stausee von Sau gelegen. Der ideale Ort, um die Natur zu genießen oder Wassersport zu treiben.

Name:
Parador de Viella.

Adresse:
Ctra. del Tunel, s/n, 25530 Viella (Lleida).

Beschreibung:
Moderner Parador im Stil der Gebirgshäuser im bezaubernden Valle de Arán. Der ideale Ort für Skifahrer und Wanderer.

Name:
Parador de Villafranca del Bierzo.

Adresse:
Avda. de Calvo Sotelo, s/n, 24500 Villafranca del Bierzo (León).

Beschreibung:
Traditionelles Gutshaus in einer berühmten Stadt. Die Innenräume sind im altkastilischen Stil mit niedrigen Kommoden, Stühlen und geschmiedeten Lampen eingerichtet.

Name:
Parador de Villalba.

Adresse:
C/ San Valeriano Valdesuso, s/n, 27800 Villalba (Lugo).

Beschreibung:
Dieser majestätische Festungsturm aus dem mittelalterlichen Galicien bewahrt auch als Parador seinen historischen Charakter.

Name:
Parador de Zafra.

Adresse:
Pza. Corazón de María, 7, 06300 Zafra (Badajoz).

Beschreibung:
Befestigtes Schloß aus dem 15. Jahrhundert mit einer spektakulären Fassade. Neben einer Stadtbesichtigung sind auch Ausflüge in die Umgebung interessant.

Name:
Parador de Zamora.

Adresse:
Pza. de Viriato, 5, 49001 Zamora.

Beschreibung:
Renaissanceschloß aus dem 15. Jahrhundert im historischen Zentrum der eindrucksvollen kastilischen Stadt. Teppiche, Rüstungen und Betten mit Baldachinen sorgen für eine mittelalterliche Atmosphäre.